EL CUIDADO DEL GATO

Grupo Editorial Tomo, S. A. de C. V.
Nicolás San Juan 1043
03100 México, D. F.

1a. edición, febrero 2004.

Nicolás San Juan 1043, Col. Del Valle
03100 México, D.F.
Tels. 5575-6615, 5575-8701 y 5575-0186
Fax. 5575-6695
http://www.grupotomo.com.mx
ISBN: 970-666-898-5
Miembro de la Cámara Nacional
de la Industria Editorial No 2961

Traducción: Roberto Mares
Diseño de Portada: Trilce Romero
Supervisor de producción: Leonardo Figueroa

Impreso en México - *Printed in Mexico*

INTRODUCCIÓN

El gato doméstico (*felis domesticus*) pertenece a la familia de los felidae, dentro de la orden carnivora, siendo el miembro más pequeño de una familia muy amplia que incluye leones, tigres, cheetas y gatos monteses (*felis catus*). La relación entre los gatos y los humanos se remonta a varios miles de años, tomándose a la cultura egipcia como la fuente de la inserción definitiva del gato en el hábitat humano.

Se considera que al desarrollarse el sedentarismo y la sociedad agrícola, alrededor de 5000 años atrás, comenzó el almacenamiento de granos y con ello se generó el problema de los roedores; así que los ancestros de los actuales gatos domésticos fueron captados, en parte por la abundancia de sus presas naturales y en parte por la adopción de los humanos, quienes encontraron en el gato a un magnífico aliado para la protección de sus graneros. A partir de esta primera relación comenzó un proceso de domesticación que llegó a su máxima expresión en el antiguo Egipto, alrededor de 2000 años antes de nuestra era; aquí el gato llegó a ser objeto de culto, al grado de que dos de sus diosas mayores eran de naturaleza felina: *Pashat* y *Bast*; además de un buen número de deidades menores. En Egipto era un grave delito —punible incluso con la muerte— el matar un gato, ya que se consideraba que estos animales influían en la salud humana, además de que propiciaban la fertilidad y el éxito de las cosechas. Los gatos eran adorados en santuarios especiales y es de sobra conocido el hecho de que fueron ampliamente reproducidos en pintura y escultura, además de que se les otorgaba una dignidad casi humana, sus cuerpos eran embalsamados y colocados en sus propias tumbas o compartiendo el nicho mortuorio de sus amos.

Durante muchos años las leyes egipcias no permitían que los gatos fueran llevados a otras tierras, pues eran considerados una parte esencial de su cultura, pero a medida que fue declinando la influencia egipcia y se incrementó el comercio, la exportación de gatos aumentó considerablemente, llegando a Grecia aproximadamente mil años antes de Cristo.

Los romanos se acostumbraron a la convivencia con los gatos, pero principalmente con fines prácticos, como el control de plagas; pero no se les daba un estatus religioso o una especial veneración. Fueron precisamente los romanos quienes difundieron al gato por Europa y Asia, pues ellos los acompañaban en todas sus expediciones y conquistas; así llegaron a las islas británicas y de ahí a todo el resto del mundo.

Las actitudes humanas hacia los gatos varían de acuerdo a la cultura en la que se encuentren; mientras que en algunos lugares se les adoraba como dioses, en otros países se les identificaba con las potencias del mal. Muchas supersticiones se fueron creando alrededor de la figura del gato en los tiempos medievales, especialmente las tradiciones que asocian a los gatos con los rituales de magia negra, con las brujas, y finalmente, con el diablo. Sin embargo, los gatos fueron siempre tolerados, pues resultaban indispensables para el control de las plagas, aun en la Edad Media, un buen "ratonero" era muy apreciado y podía alcanzar un alto precio en el mercado.

Es posible que esta rara ambivalencia de sentimientos respecto de los gatos sea el producto del propio carácter del animal, que es contradictorio en sí mismo, pues lo mismo se presenta como orgullosamente independiente o tierno y cariñoso con sus amos. Lo que sí es claro es que la domesticación de los gatos se ha realizado en los términos que ellos mismos han impuesto. De hecho, es el gato el que decide vivir con los humanos y se reserva el derecho de establecer las reglas de la convivencia, a diferencia de los perros, quienes son tradicionalmente sumisos y siempre buscan el agradar a sus amos. Tal vez es por esa especial personalidad que el gato resulta fascinante y actualmente es tan querido y respetado en los hogares del mundo occidental.

LA DECISIÓN DE TENER UN GATO

La mayoría de la gente está de acuerdo en que tener un gato por mascota es menos comprometido que un perro. El entrenamiento de un gato es mínimo y posee una gran libertad, tanto que normalmente puede entrar y salir de la casa si uno le instala una pequeña puerta, o bien puede ser enseñado a permanecer dentro de la casa y usar una instalación sanitaria simple y práctica. A no ser que sea excesivamente mimado por sus amos, un gato es relativamente independiente, poco demandante y el costo de manutención es bajo. Existe en el mercado una gran variedad de alimentos de alta calidad y la mayoría de los gatos se acostumbran a ellos con facilidad; además de que los gatos se adquieren principalmente por su apariencia y no por el "pedigree" o la raza, lo que en los perros es un factor de alto costo; con excepción de un cinco por ciento de animales "de raza" que pueden ser costosos, el resto de los gatos pueden considerarse iguales y su costo es sumamente bajo a comparación de los perros. La mayoría de los gatos son limpios, aunque los machos tienen la desventaja de que acostumbran rociar con orines prácticamente toda la casa, pues es propio de su condición el "marcar" su territorio. Es necesario decir que en zonas urbanas los gatos causan molestias, pues es común que busquen el jardín del vecino para hacer sus necesidades, lo mismo que cualquier concentración de arena o tierra a su disposición, lo que desde luego es antihigiénico.

Los gatos esterilizados son generalmente más sedentarios que los que no —aunque los siameses son la excepción a esta regla—, de manera que un gato en estas condiciones causa mucho menos problemas, sobre todo si lo comparamos con un perro, lo que no sucede con los gatos que no han sido operados y en especial con las hembras, cuyo peculiar aullido de reclamo sexual puede ser muy molesto para la propia familia y los vecinos. Los gatos machos también acostumbran emitir cierto tipo de aullidos en las noches, tanto para buscar la relación con la hembra como para afirmar la posesión de su territorio. En época de celo, esta clase de cantos nocturnos se incrementan y pueden disturbar el sueño de mucha gente a su alrededor, sobre todo si consideramos que el reclamo de una hembra puede atraer a muchos gatos callejeros y el concierto puede durar toda la noche. Por estas razones es conveniente en todos los casos —tal vez con la excepción de los animales de *pedigree*— proceder a la esterilización de nuestras mascotas.

Es conveniente señalar que tanto la adquisición como el mantenimiento de un gato no representa un costo significativo, pero no así el afrontar enfermedades o accidentes, pues el costo veterinario puede ser considerable, lo que debe tomarse en cuenta al tomar la decisión de incorporar un gato a la familia. Independientemente de la eventualidad de algún daño que requiera atención, es necesario considerar el costo y el tiempo que requiere la vacunación y el tratamiento de rutina contra los parásitos. Si visitamos el consultorio de un veterinario cualquiera, nos daremos cuenta de que los gatos son los clientes más frecuentes, por lo que es prudente que tomemos esto en cuenta antes de decidirnos por un gato como mascota. En muchos países existen seguros para mascotas que pueden tomarse como una correcta previsión, pues la cuenta del veterinario puede ser más alta de lo que nos podríamos imaginar. Es necesario pensar en esos gastos, sobre todo porque es algo que realmente tendríamos que afrontar, porque nuestra mascota es un miembro de la familia y lo será por mucho tiempo, pues un gato bien cuidado suele vivir más de quince años.

La mayoría de los gatos tienen más pelo que el común de los perros, además de que su pelo es muy fino y se desprende con facilidad, vuela por toda la casa y se pega en todos lados, por lo que es necesario considerar que el gasto y el esfuerzo de mantener la casa limpia también se incrementará. Hay que considerar también que existe mucha gente que padece de asma o que es alérgica al pelo de gato, lo que puede afectar nuestras relaciones sociales. Si es el caso de que uno de los miembros de la familia tenga esta clase de afecciones, la decisión de un gato está prácticamente descartada.

Uno de los principales problemas a considerar respecto de una mascota cualquiera es qué hacer con ella cuando la familia tiene que viajar. Tal vez se tenga un familiar o un vecino que se haga cargo de la mascota unos días, de manera que pueda permanecer en su territorio. Normalmente es más fácil resolver este caso con un gato que con un perro; sin embargo, a los gatos tampoco les gusta quedarse en una casa vacía. También existe la alternativa de hospedar al gato en un asilo temporal donde será bien cuidado, aunque esto pudiera generar ansiedad en el animal y, desde luego, un buen lugar es bastante costoso. Una familia que suele viajar debe tomar en cuenta esta clase de problemas.

Elección de un cachorro

A diferencia de los perros, la mayoría de la gente no elige un gato por la raza, sobre todo porque la conducta del gato y su apariencia no varía significativamente de una a otra raza, de manera que no se pueden establecer comparaciones. Lo que sucede normalmente es que la gente escoge a un pequeño, tanto por su ternura y simpatía como porque pretende educarlo con firmeza. Desde luego es ventajoso aceptar un cachorro en vez de un adulto, sobre todo si se conocen los antecedentes de la madre, pues se tiene la seguridad de que es un animal que procede de un ambiente saludable y son menores las probabilidades de que tenga enfermedades congénitas o infecciones. En todo caso debemos informarnos del cuidado que se ha dado a la gata y a su prole, de que se han alimentado correctamente de la madre y se encuentran destetados. Igual que todos los seres vivos, aquellos gatitos que han recibido amor y cuidados podrán establecer una relación más cordial con su familia humana. Esto, desde luego, es aplicable tanto a los gatos comunes como a los de pedigree; pero en el caso de estos últimos, generalmente no son adoptados, sino adquiridos en una tienda, por lo que es conveniente una investigación mayor, dado que pudiera tratarse de razas con características especiales en las que se dificulte la adaptación a nuestro estilo de vida. Por tanto, es conveniente asesorarse por un especialista o asociación felina. Los animales de "pura raza" generalmente son adquiridos con fines comerciales o por el gusto de la participación en exhibiciones; si es el caso la adopción de una mascota familiar, sería un gasto innecesario adquirir un animal de "primera línea"; en vez de eso, uno de la misma raza, pero de menor prosapia sería conveniente, dado que sus "imperfecciones" son solamente propuestas de concurso y no alteran en nada la conducta y la belleza del animal.

Independientemente de la raza, un factor esencial para la elección de la mascota es su sexo. Tratándose de una mascota familiar, el sexo resulta poco relevante si se tiene la decisión de esterilizarlo. En muchas ciudades del mundo, actualmente proliferan gatos no deseados que llevan una sufrida existencia callejera, lo que no es conveniente desde ningún punto de vista; si no tomamos en cuenta esta situación seguramente contribuiríamos a esta sobrepoblación felina y eso sería un acto de irresponsabilidad. Normalmente, quienes aceptan gatitos pequeños prefieren a los machos; de entrada, porque la operación es más fácil y menos costosa que la de las hembras, pero es de notarse que tanto los machos como las hembras son magníficas mascotas. Se dice, más como una proyección humana, que las hembras son más cariñosas y apegadas al hogar, pero esto es más bien un mito, pues la actitud del gato depende básicamente de su propio carácter y del tipo de relación que tenga con sus amos, más que del sexo.

Es necesario apuntar que en la inmensa mayoría de los casos la elección de un cachorro no se ajusta a una racionalidad, sino a la instancia emotiva del momento, sobre todo si hay niños presentes. Como ya se ha dicho, tratándose de una camada que se ha logrado en buenas condiciones, habría muy poco que argumentar entre uno u otro de los cachorros, pero hay uno o dos puntos que sí sería conveniente considerar: el cachorro deberá parecer alerta, ágil y saludable; su piel deberá ser suave y pareja, tratemos de observar si existe algún desorden de la piel. Los ojos deberán ser brillantes y claros, el interior de los oídos deberá estar sonrosado y libre de parásitos. Es conveniente observar su nariz para darnos cuenta de rastros de un flujo fuera de lo normal, lo que significaría la posibilidad de una enfermedad respiratoria. El cachorro deberá parecer amistoso, dócil al tacto humano y juguetón con sus hermanos, esto nos indicaría un rasgo fundamental de su conducta futura. En general, el gatito deberá parecer bien alimentado, pero no más obeso que los demás o demasiado delgado. Los gatitos gordos pudieran parecer más simpáticos; pero su aspecto pudiera indicar un problema de parasitosis, lo que es algo muy serio para un cachorro.

Cuando el cachorro es rescatado de la calle o adoptado de algún asilo público, es necesario tener un gran cuidado con él, pues lo normal es que haya sido abandonado antes del destete y expuesto a toda clase de riesgos para su salud, por lo que normalmente son menos resistentes a las enfermedades e infecciones; es muy común que su condición enfermiza se manifieste algún tiempo después de haber sido incorporado a la familia. Ciertamente es un acto de buena voluntad el ofrecer un hogar a un gatito en estas condiciones, pero es necesario agregar el esfuerzo y el costo que significa llevar al cachorro al veterinario para iniciar un procedimiento de salud desde la más temprana edad, a fin de que las enfermedades no progresen al grado de que ya sea muy difícil combatirlas.

Un último punto: a no ser que uno disponga de mucho tiempo para cuidar a la mascota, es preferible elegir gatos de pelo corto, pues los de pelo largo requieren un cepillado muy frecuente, ya que si no se les cuida pueden generarse problemas gastrointestinales al tragar su propio pelo o ser hábitat de bichos, además de que se les forman grumos que finalmente tienen que ser cortados de raíz, con lo que el aspecto del gato tiende al desaliño.

Elección de un adulto

A causa de la explosión de la población felina, en muchos países han surgido asilos públicos y privados donde se recoge, en la medida de lo posible, a los animales desamparados. Muchos de esos animales son gatos adultos que han nacido en libertad o han sido abandonados. Esta clase de instituciones constantemente promueven la adopción de estos animalitos con el fin de liberar espacio para nuevos huéspedes. Generalmente, la gente que dirige estas instituciones lo hace por compasión y por el deseo de encontrar por lo menos una cama tibia y alimento para sus huéspedes, aunque muchos de ellos han crecido en un ambiente semisalvaje y su adaptación pudiera ser muy difícil; sin embargo, se tiene la experiencia de que los gatos más destructivos y anárquicos llegan a ser mascotas muy correctas y afectivas si se trabaja mucho con ellos. Pero no podemos soslayar el hecho de que algunos gatos no logran superar sus patrones de conducta recelosa y siempre conservarán su distancia, sin importar lo que hagamos con ellos.

No dejaremos de señalar que es un acto de amor el adoptar a un gato callejero, que normalmente no será un problema para la familia y que en muchos casos llegará a ser un magnífico compañero; pero también hay que decir que el periodo de adaptación puede ser muy largo y que algunos comportamientos, sobre todo relativos a la limpieza, tardan mucho en modificarse, por lo que se requiere una gran paciencia.

Al elegir un gato adulto, lo mismo que en el caso del cachorro, es conveniente observar, hasta donde sea posible, los indicadores de su estado de salud, revisando el pelo, los oídos, los ojos y la nariz, como ya se ha indicado. En el caso de los gatos que proceden del asilo, la elección es más segura, puesto que estos centros cuentan con servicios veterinarios y es de suponerse que el animal ha sido auscultado y se encuentra en buenas condiciones de salud.

Una vez que se ha instalado en su nuevo hogar, es conveniente que el gato sea revisado por el que será su veterinario, quien habrá de abrir su expediente de vacunación, desparasitación y cuidados generales, lo que en el caso de un gato que ha crecido en libertad resulta más importante que en el caso del cachorro doméstico, o el adulto que se adopta de familiares o amigos.

El gato que lo elige a usted

Muchas veces sucede que la gente no elige incorporar un gato a su familia, sino que ellos son elegidos por un gato. No es raro que en una noche de invierno uno se despierte a causa del maullido lastimero de un gato que solicita asilo ante la inclemencia del tiempo. Son muy pocos los que se niegan a abrir su puerta, vaciar un poco de leche en un recipiente, algo de comida y preparar un lecho mullido para que el inesperado huésped pase la noche; lo más probable es que de ahí en adelante la familia tenga ya una mascota.

Cuando el gato peregrino parece estar bien alimentado y cuidado, lo más probable es que haya escapado de un hogar, por lo que es conveniente consultar los anuncios de gatos perdidos del vecindario o uno mismo anunciarlo, con objeto de localizar a sus verdaderos dueños. Cuando pasa mucho tiempo y no se encuentra a los antiguos amos, en caso de que existan, lo que normalmente sucede es que la familia que lo asiló ya se ha acostumbrado a su presencia y se han creado lazos de afecto, por lo que el gato se queda en una casa que él mismo eligió, aunque probablemente haya escapado de otra que por diversas razones no le gustó. Parecería raro que un gato abandone voluntariamente la seguridad y el alimento de un hogar, pero las columnas de gatos perdidos están llenas de esos casos.

Muchas veces el gato que pide asilo es evidentemente un callejero: aparece flaco y descuidado. La gente bondadosa acostumbra, en primera instancia, dejar algo de comida y agua fuera de la casa, después dejarán abierta la puerta del garaje para que el gatito encuentre un refugio; la última etapa es cuando el gato se instala definitivamente dentro de la casa y se convierte en la mascota familiar a pesar de su humilde origen.

En estos casos es conveniente reflexionar sobre el asunto desde un principio para decidir qué es lo que realmente se desea hacer, pues desde el momento en que usted saca un plato de comida al patio o al jardín frontal de su casa, para sus vecinos usted ya es dueño de un gato y habrá que afrontar las consecuencias. Si usted realmente no quiere tener un gato, solamente hay dos caminos: no lo alimente, o si lo hace por caridad, después procure que sea adoptado por otra familia o recogido por alguna institución de asilo. Es preferible hacer esto de inmediato, sobre todo si hay niños en la casa, pues si deja pasar el tiempo, es seguro que usted tendrá una mascota por largo tiempo. En todo caso no es conveniente que el gato sea el que imponga su voluntad sobre la familia y los vecinos.

Traer a casa un cachorro

Un cachorro puede ser elegido desde muy pequeño, pero lo ideal es traerlo a casa hasta las ocho semanas de nacido; no se trata de una regla "dura", puesto que el gatito pudiera haber alcanzado su total independencia antes de las ocho semanas en virtud de que la madre los destetó con mayor rapidez y ya aceptan comida sólida. Por supuesto, mucho depende del tamaño de la camada, pues en un mayor número los cachorros se desarrollarán con mayor lentitud. Obviamente, mientras más pequeño es el cachorro los cuidados iniciales tendrán que ser más esmerados.

Algunas precauciones deberán ser tomadas antes de traer el cachorro a casa. En primer lugar, se requiere tener una dotación de comida apropiada para el gatito, de preferencia la misma que se ha usado para alimentarlo desde que comenzó a ingerir sólidos; este será el factor más importante en la adaptación del cachorro a su nuevo hábitat, pues sentirá como suyo el lugar donde se encuentra lo que él identifica como su propia comida. Asimismo, habrá que proveernos de dos recipientes que el gato pueda reconocer también como suyos, uno para los sólidos y otro para los líquidos; antes se usaban viejos platos o salseras; ahora es mucho más común que la gente adquiera los recipientes de plástico o metal que se venden en las tiendas para animales y que tienen las ventajas de ser irrompibles y tener una larga duración.

También se requiere un recipiente amplio para la arena que será el retrete del gatito; el tamaño y las características del mismo dependerá de las estrategias de manejo habitacional de la mascota, pues en un pequeño departamento será un receptáculo pequeño que deberá descargarse diariamente, a diferencia de una casa grande, con jardín o garaje, donde los olores se difunden. En todo caso, es conveniente colocar en el fondo una capa de papel periódico y después la cantidad de arena suficiente para recibir la defecación y la orina. La gente que tiene un jardín puede usar la propia tierra e incluso reciclarla como abono; pero normalmente se usa la arena especial para gatos que se vende en cualquier supermercado. Este puede resultar uno de los aspectos más complicados de la relación con el gato, pues requiere un esfuerzo cotidiano por parte de los miembros de la familia, además de que no es ésta la parte más agradable de la convivencia con nuestra mascota.

El gato necesita también un lugar específico para dormir; en las tiendas de animales existe una gran variedad de camas o canastas para gatos que pueden ser muy confortables, aunque generalmente hay que ajustarlas a los gustos de nuestra mascota, de manera que la haga totalmente suya. Es conveniente colocar primero una capa de periódico y encima alguna pequeña cobija o toalla que el gato pueda manipular a voluntad para acondicionar su propio espacio, lo que le dará una gran sensación de seguridad. La cama deberá colocarse en un lugar cálido y tranquilo de la casa, cerca de los espacios donde la familia pasa la mayor parte del tiempo, pues el gato gusta de sentirse parte de la familia. Normalmente, si el lugar asignado no le gusta, el propio gato elegirá un lugar para dormir o para estar la mayor parte del tiempo, independientemente del que se le haya asignado oficialmente.

Es conveniente dotar al gato de un collar con una placa de identificación, ya que de esta manera será mucho más fácil recuperarlo en caso de que se pierda; algunas personas colocan en el collar una pequeña campanita que resulta agradable y permite localizarlo o tomarlo *in fraganti* cuando está haciendo alguna travesura.

Es de suponerse que la familia, y en especial los niños, se encuentran muy emocionados por la expectativa del gatito y desean traerlo a casa de inmediato, pero es necesario tomar precauciones, porque la manipulación del gato, sobre todo si es adulto, puede ser complicada, en especial para quien no sabe manejarlos. El gato puede ponerse nervioso o agresivo y escurrirse fácilmente de las manos, sobre todo si se deja que los niños lo carguen; tampoco se debe dejar al gato suelto en el auto, pues para él esta es una situación completamente anormal, sentirá peligro y podría responder agresivamente. Lo conveniente es transportarlo en una caja o jaula especial, donde se haya preparado una cama suave, con papel y una toalla. Si se usa una caja, deberán hacerse unos agujeros para ventilación. Un modelo de transporte mucho más cómodo para el gato consiste en dos cajas, una mayor donde se provee la ventilación y otra menor, donde se prepara la cama, de esta manera el gato siente que tiene un refugio en la caja menor aunque se encuentre encerrado en la caja mayor; muchas personas deciden invertir en una jaula de transporte desde que recogen a su mascota, pues ella misma servirá para muchas ocasiones futuras, cuando haya que transportar al gato. Tratándose de un cachorro que es separado de su madre, el primer viaje resultará siempre traumático, es por esta razón que todo lo que hagamos para reducir el estrés del animal será positivo.

Periodo de adaptación

Cuando el gatito llega a su nueva casa, es natural que se sienta ansioso y desconcertado; al principio maullará buscando a su madre y hermanos. En esta primera etapa es necesario crear un ambiente lo más confortable posible en la casa, evitar manipularlo demasiado y colocar en su rincón algún juguete de peluche que sustituya a la madre; también es conveniente colocarle una botella llena de agua caliente para recrear la sensación de la presencia materna. El arenero deberá colocarse cerca del gatito y llevarlo ahí para que haga sus necesidades. Durante unos días no es conveniente llevar al cachorro a otras partes de la casa y menos afuera, hay que dejarlo que se acostumbre a su refugio y se adapte a su nueva condición de individuo, puesto que ha sido privado del contacto con la madre y los hermanos. Cuando el cachorro es muy pequeño y a pesar de que tenga cerca su arenero, es común que haga sus necesidades en el piso, puesto que así era cuando estaba con su madre, por lo que es preferible que se encuentre en un piso fácil de limpiar, evitando las alfombras.

Los gatos son animales curiosos e inquisitivos, por lo que es de esperarse que el cachorro comenzará a explorar los alrededores para ir descubriendo su nueva casa. Lo que debe tener cerca de su refugio es comida y agua; por lo que se refiere a la comida, ésta deberá proporcionársele en poca cantidad; la regla de oro de la alimentación de los gatos es "poco y con frecuencia"; cada vez que consume su ración deberá colocársele en su arenero como parte de su educación sanitaria.

Los cachorros disfrutan mucho con el juego y esperan de sus amos el ser estimulados, lo que no es demasiado demandante, un simple papel arrugado que se le da como material de juego puede entretenerlo por horas, jugará con la bola de papel y al mismo tiempo irá explorando la casa. Como todos los mamíferos jóvenes, los cachorros despliegan una gran actividad, pero también requieren mucho descanso, así que cada periodo de juego será alternado por una buena siesta que hay que respetar.

Es frecuente que los niños de la casa se entusiasmen mucho con la nueva mascota y quieran jugar mucho tiempo con ellos, a veces de manera inadecuada para el tamaño y la resistencia del gatito, por lo que es necesario que los niños adquieran la consciencia de que el gato no es un juguete, sino un ser vivo muy delicado que debe ser manipulado con mucho cuidado. Un niño pequeño debe aprender a respetar las necesidades del gato, éste posee afiladas uñas y dientes con los que procederá a defenderse si se siente agredido, lo que puede ser peligroso para el niño y dificultará la adaptación del gato. En especial los niños entre tres y seis años deben ser supervisados en su relación con el gato pequeño, para evitar desagradables consecuencias. La mejor manera de cargar a un gato es aproximarse a él con suavidad y gentileza, acariciándolo primero y nunca tomarlo por sorpresa; se deberá levantarlo con una sola mano, distribuyendo los dedos entre sus patas delanteras y permitiendo que su abdomen descanse sobre nuestro antebrazo, de esta manera el gato está seguro y nosotros también, pues él no sentirá la tentación de aferrarse con sus uñas a nuestra ropa. En ningún caso deberá levantarse al gato con una mano directamente sobre el abdomen, pues eso es sumamente molesto para el gato y representa una agresión. Sobre todo los niños deben ser educados para tomar al gato de la manera indicada, procurando que al principio los niños tomen al gatito estando ellos mismos sentados en el piso, de manera que si se les escurre de las manos el gato caiga de poca altura. Por supuesto, es conveniente que los niños se laven las manos después de jugar con el gato. Cuando existe un bebé en casa es conveniente postergar la decisión de tener un gato hasta que el niño y el gato puedan tener una relación mutuamente segura, pues los niños demasiado pequeños pudieran estar expuestos al ataque del gato que crece mucho más rápido que ellos, además de que es muy común que el bebé se lleve a la boca la comida del gato, beba de su agua y juegue con su arena, lo que es indeseable, pues los niños muy pequeños están expuestos a dos enfermedades que les pueden ser transmitidas por los gatos: una de ellas es la *toxoplasmosis* (consultar la sección de la A-Z sobre *enfermedades, accidentes y procedimientos veterinarios*) y la otra es la *parasitosis*, que puede adquirirse cuando se manipulan las heces del gato. Los riesgos para personas adultas o niños mayores son mínimos, pero como ya se ha dicho, el bebé puede estar demasiado cerca de esos focos de infección y no es consciente de cómo manejarlos.

Al principio, el gatito debe permanecer en el interior de la casa hasta que se ajuste a las nuevas condiciones de vida y conozca su hábitat; si se permite que salga al jardín deberá ser bajo cuidadosa supervisión, cuidando que no vaya más allá del lugar que pertenece a la familia, el grado de libertad que se le puede otorgar depende de qué tan segura es el área en la que se moverá el gato. Muchas veces es necesario, como parte del entrenamiento, el atar un cordón de su correa tan largo como sea el espacio en el que deseamos que permanezca, de manera que al rebasar ciertos límites él sentirá un tirón. Cuando nos damos cuenta de que el gato ya conoce su nombre y reacciona al llamarlo podemos estar más confiados para dejarlo en mayor libertad, no hay reglas determinantes respecto de esta liberalización del gato, esto dependerá de las características de los espacios familiares y del propio carácter del gato; sin embargo, en todos los casos es prudente manejar un amplio periodo de arraigo para no correr el riesgo de perder la mascota y generar un sufrimiento a la familia, en especial para los niños.

Desgraciadamente no es posible entrenar a los gatos para protegerse de los peligros que representa el tráfico urbano, por lo que muchas personas en las grandes ciudades prefieren mantener a su mascota siempre dentro de la casa; aunque también es frecuente que se le construya una gatera en el patio o jardín y se le provea de una puerta abatible para que pueda entrar y salir de la casa; desde luego, todo esto representa un costo, pero es conveniente considerar que nuestra mascota puede vivir en nuestra casa por más de quince años, por lo que no será gravoso proveernos desde un principio con las instalaciones que harán la convivencia más agradable. Por supuesto no es prudente que el cachorro ande en libertad sino hasta que termine su adaptación, pero un gato adulto responderá muy positivamente cuando se le da la libertad de entrar y salir a voluntad, puesto que el gato es por esencia explorador y un espacio dentro y fuera satisface su instinto.

Cuando el gato llega a una casa en la que ya se tiene otra mascota, ya sea perro, gato o ambos, es necesario tomar ciertas precauciones para introducir al recién llegado. Es de esperarse que el gato mayor reaccione agresivamente con el nuevo aunque sea un cachorro, pues está invadiendo su espacio, a veces expresará su rechazo de manera activa y otras veces simplemente ignorando al intruso. Ésta es una situación parecida a la del hermanito recién nacido y es manejable de una manera similar; se debe redoblar la atención y el cariño hacia el gato o perro residente y no mostrar en su presencia demasiado cariño por el recién llegado, con esto la mascota residente sentirá que no se le ha desplazado y que sigue teniendo su lugar en el afecto de la familia. Ocasionalmente, el gato adulto puede reaccionar de manera indeseable, pero comprensible, como orinar en lugares prohibidos de la casa, para marcar su territorio y afirmar su autoridad; es preferible no castigar esta conducta, pues es natural, tiende a pasar con el tiempo y es normal que el gato mayor acepte al joven y termine siendo su compañero de juegos y disfrutando su presencia, sobre todo si consideramos que el gatito está condicionado por naturaleza a desarrollar una conducta de subordinación respecto del gato adulto, por lo que será muy raro que la contradicción entre ambos se alargue demasiado o no pueda ser superada; si ese fuera el caso, es preferible buscar un nuevo hogar para el gatito en vez de resignarse a una situación de conflicto permanente.

Es de esperarse que quienes ya tienen un perro como mascota se encuentren bien informados de las características de la raza y el carácter del perro antes de aceptar un gato en casa. Algunos perros tienen la tendencia a cazar cualquier tipo de animales pequeños, y eso no excluye a los gatos; es de suponerse que un perro de este tipo no podrá convivir con un gato y la situación puede ser extremadamente molesta para la familia, tanto que en estos casos no debería siquiera intentarse.

En caso de que se considere viable la relación entre el perro y el gato, se debe tener gran cuidado al presentarlos y durante el periodo de adaptación del gato, sobre todo si se trata de un cachorro, no hay que dejarlos solos y juntos en ningún momento hasta que se haya establecido la relación y comprobado el acuerdo de no agresión. Es natural que el perro se encuentre celoso al principio, así que es necesario proceder de la misma manera descrita para la adaptación entre el gato adulto y el pequeño. Después de un tiempo, es común que el perro acepte plenamente al gato e incluso se hagan buenos amigos, puesto que no existen patrones biológicos de competencia entre ellos. Cuando se da esta relación, lo más frecuente es que sea el gato el que lleve la pauta de los juegos, convirtiéndose en el líder de la pareja. El único conflicto que puede darse es a la hora de la comida, pero eso puede evitarse separando los lugares de alimentación de ambos animales y no confundiendo sus respectivos recipientes.

En casa también puede haber pequeñas mascotas, como canarios, hamsters o peces, los que no se encontrarán en peligro mientras el gato sea un cachorro, pero ciertamente lo estarán cuando el gato crezca. Cualquier precaución es poca cuando anda un gato merodeando por la casa, él puede ser muy persistente en su actitud de asecho ante nuestras pequeñas mascotas, cualquiera puede sentir su verdadera intención cuando observa fascinado la jaula de los pájaros o la pecera.

Un gato adulto en casa

Muchos de los aspectos que hemos considerado respecto de los cachorros son aplicables a los gatos adultos: el proveerles de un lugar para dormir, para alimentarse, etcétera. Pero en el caso de un adulto es prácticamente indispensable el proveernos de una jaula especial para su transporte, pues una caja de cartón no es lo suficientemente segura.

En el caso de los adultos, la manera de adaptarlos a su nuevo hogar depende en gran medida de la educación previa del gato, ya sea buena o mala; de cualquier manera él ya tiene sus esquemas de conducta y habrá que respetarlos hasta que el gato se encuentre lo suficientemente adaptado como para intentar cambiarlos. Él puede ser tierno y confiado ante la gente, o tímido y agresivo, en cuyo caso estamos hablando más bien de su carácter, lo que necesariamente será el principal factor de adaptación. Si el gato no está acostumbrado al arenero será mucho más difícil que se habitúe a él que en el caso del cachorro, pues hay que extinguir una conducta y sustituirla con otra; si no ha llevado un collar, al principio se sentirá extraño y molesto con él. Aunque se trate de un gato casero, no es conveniente dejarlo en libertad sino hasta que estemos seguros de que él ha cambiado verdaderamente de hogar y acepta el nuestro como suyo; la cantidad de tiempo que puede tomar este proceso puede ser muy variable. Por supuesto puede generarse una situación muy conflictiva si el gato está acostumbrado a salir para hacer sus necesidades, pues es más difícil controlar los movimientos de un adulto que de un cachorro, por lo tanto, es conveniente permitir que salga al jardín o colocar su arenero fuera, pero atando al gato con un cordel lo suficientemente largo para que pueda explorar hasta donde sea prudente, de manera que pueda identificar el exterior y la vía de acceso a la casa.

Cuando el animal parece estar lo suficientemente adaptado como para salir sin ataduras, es conveniente dejarlo salir, pero asegurándonos que tiene hambre, pues ya es la hora habitual de comida; de esa manera el gato no se alejará demasiado de la casa y regresará rápidamente como un acto de voluntad; si se encuentra satisfecho podría estar tentado a dar un largo paseo y aumentan las probabilidades de que se pierda o sufra un accidente.

Si el proceso de adaptación se realiza adecuadamente, el gato habrá de generar una buena relación con su nueva familia. En el caso de los gatos adultos, la regla de oro es la paciencia, la tolerancia y la gentileza, pero haciéndole sentir en todo momento lo que se espera de él, en términos de una conducta aceptable y, por supuesto, perfectible. Es necesario que desde un principio el gato sea auscultado por un veterinario y se le abra un expediente de salud, tanto para determinar sus condiciones actuales como para programar cuidados posteriores y descubrir a tiempo posibles enfermedades. Si el gato no se encuentra esterilizado, será conveniente proceder a ello de inmediato.

DIETA

Vitaminas y minerales

El gato es un auténtico carnívoro y cazador; en condiciones salvajes él se alimenta de pequeños roedores y pájaros, devorándolos íntegramente para cubrir sus requerimientos nutricionales. La dieta de los gatos consiste principalmente de proteínas, pequeñas cantidades de grasa y una gran proporción (90 por ciento) de líquidos. Al ingerir la totalidad de su presa, incluyendo las vísceras y los huesos, el gato obtiene una cantidad suficiente de vitaminas y minerales, especialmente el calcio. Los elementos nutricionales más importantes para el gato son las proteínas y la grasa, que se requieren en mayor proporción que en el caso del perro, y contrariamente a estos últimos, los gatos no necesitan carbohidratos como una fuente de energía significativa en su dieta. A diferencia de los perros, los gatos no aprovechan los nutrientes de los carbohidratos tales como cereales, papas o pan, aunque les pueden aportar pequeñas cantidades de nutrientes cuando se encuentran cocinados. La mejor comida que podemos ofrecer a nuestra mascota es aquella rica en proteínas, lo que es fundamental para su crecimiento y la formación de sus tejidos, así como para la energía y salud general. También se le deberán proporcionar cantidades menores de grasas, que son una fuente de energía importante. Las vitaminas básicas que requieren los gatos son la A, la B y la D; su propio metabolismo elabora la vitamina C y aparentemente no necesitan la vitamina K. La química corporal del gato no produce la formación de la vitamina A que se contiene en las verduras, por lo que la toma directamente de la comida básica, aunque se puede apoyar la formación de la vitamina A dándole pescado en aceite o rociando su comida con aceite de oliva o hígado; pero si se le da en demasía se corre el riesgo de propiciar una tendencia a la obesidad. En general, es necesario controlar la ingesta de grasas y alimentos demasiado enriquecidos, pues el exceso puede crear desórdenes y deformaciones de los tejidos o los huesos (hipervitaminosis). Normalmente, un gato adulto metaboliza perfectamente sus alimentos y crea sus acervos vitamínicos sin necesidad de proporcionarle algún complemento especial, lo que sólo se deberá hacer por indicación del veterinario.

Los minerales más importantes son el calcio y el fósforo, que se encuentran presentes en una dieta normal. Un exceso de estos elementos puede causar deformaciones del esqueleto y una hipertrofia dolorosa de las coyunturas del animal, particularmente en los gatitos en crecimiento, por lo que no se deben agregar suplementos especiales en la etapa de crecimiento, solamente en caso de que el gato rechace la comida o se perciba demasiado delgado y débil; en todo caso habrá que consultar al veterinario.

En la actualidad, mucha gente ha reducido su consumo de carne, algunos han optado por el vegetarianismo y a veces pretenden acostumbrar a sus mascotas a esa nueva dieta. En el caso de los perros una dieta vegetariana pudiera ser viable, puesto que su gama de alimentación es variada; pero el gato es un verdadero carnívoro y requiere la proteína y las grasas de origen animal; no podría sobrevivir con una dieta vegetariana, aunque el gato aparentemente la acepte y la consuma, pero su metabolismo no la procesa y el gato seguramente enfermará.

Como ya se ha dicho, el gato obtiene la vitamina A de fuentes animales; a diferencia de los perros, ellos no pueden procesar los carotenoides que permiten el desdoblamiento de la vitamina A, aunque los mismos aminoácidos se encuentren en muchos vegetales. Uno de los principales aminoácidos, llamado "taurina", es elaborado por la mayoría de los mamíferos a partir de la ingesta de vegetales, pero no es el caso del gato, quien obtiene esta misma sustancia directamente de la proteína animal, donde ya se encuentra procesada. Una carencia de este aminoácido produce un mal funcionamiento de la retina y con el tiempo, la ceguera. Las grasas representan también una fuente muy importante de energía y contienen los ácidos fundamentales para producir las reacciones bioquímicas indispensables de la vida.

De particular importancia para la dieta tanto de los perros como de los gatos es el *ácido linoleico*, que se encuentra en las grasas animales y aceites vegetales, como el de maíz. Sin embargo, los perros metabolizan dos tipos de ácidos grasos, tanto el linoleico como el *aracodónico*, y ambos los pueden obtener tanto de grasas vegetales como animales. Por su lado, los gatos no metabolizan esta clase de ácidos y deben obtenerlos ya procesados en los tejidos animales. De lo anterior se deduce que a pesar de que el gato parezca que disfruta alimentos de origen vegetal, su dieta será menos que suficiente si no se le proporciona la proteína animal.

Crudo o cocido

En condiciones de vida salvaje, es obvio que el gato consume solamente alimentos crudos y la presa es consumida en su totalidad. Algunos estudios han demostrado que los gatos alcanzan mejores niveles de crecimiento y éxito reproductivo si consumen principalmente alimentos crudos; sin embargo, la diferencia con los que consumen alimentos cocidos es mínima y también se tiene noticia de que algunos alimentos no deben dársele crudos, como los huevos, cuya yema contiene dos sustancias que reducen considerablemente la producción de vitamina B (biotina) e inhiben la digestión de las proteínas. Sin embargo, los huevos son un excelente alimento para los gatos, pero deben proporcionarse siempre cocidos o fritos, con lo que se minimizan los riesgos de las sustancias antes mencionadas. La carne se les puede ofrecer cruda y eso sería lo ideal, pero la carne cruda es el ambiente natural de un organismo parasitario que se llama *toxoplasma gondii*, que produce la toxoplasmosis (ver A-Z de enfermedades, heridas y procedimientos veterinarios, p. 224), que también es un riesgo para los humanos. La cocción destruye a estos organismos y otros tipos de bacterias que pudieran estar presentes en la carne cruda. Por estas razones es preferible darles la carne y el pescado cocinados, aunque de una manera somera, dándoles poco tiempo de cocción o fritura, para que conserven sus propiedades alimenticias intactas.

Es muy común que se utilice la comida preparada que se vende en cualquier supermercado o tienda de animales; estos alimentos se encuentran debidamente tratados para eliminar posibles microorganismos que pudieran ser dañinos, generalmente también se encuentran enriquecidos con vitaminas (especialmente la B), en cantidades controladas, para que no representen un peligro de excesos vitamínicos.

En estado natural, el gato devora a su presa inmediatamente después de haberla cazado, mientras el cuerpo se encuentra todavía tibio, por lo que es propio del instinto del gato el preferir los alimentos tibios (alrededor de 40°C, que es la temperatura de la sangre), por lo que tienden a rechazar alimentos que se encuentran muy fríos o calientes; aunque aceptan de muy buen grado los alimentos que se encuentran a temperatura ambiente. Cuando es el caso de animarlos a comer, tal vez porque se encuentren enfermos, el presentarles la comida tibia será de gran ayuda.

Huesos

En su ambiente natural, los gatos comen los huesos de sus presas, lo que es muy importante, pues ellos les proveen de calcio. Los gatos domésticos obtienen su calcio de diferentes formas, así que no necesitan comer huesos, aunque parece que los disfrutan ampliamente, además de que los gatos los comen con mucho cuidado, masticando perfectamente cada bocado, por lo que no tienen problemas cuando trituran los huesos. Contrariamente a la creencia popular, los gatos no sufren lastimaduras en la garganta por astillas de huesos, lo que ocurre con frecuencia en los perros, quienes no son muy cuidadosos con la masticación. Sin embargo, en algunos casos se pueden incrustar partículas de hueso entre los dientes y causarles dolor e incluso infecciones, por lo que es preferible darles huesos planos y no aquéllos que presenten aristas filosas. Debemos considerar que el roer es bueno para el gato, mantiene sus dientes sanos y limpios, con lo que se previenen problemas dentales; pero los alimentos comerciales del tipo seco tienen la textura adecuada para proporcionarles un adecuado ejercicio dental, por lo que no es necesario darles huesos. Las espinas de pescado sí pueden ser peligrosas, por lo que es conveniente removerlas.

Agua

El gato debe tener acceso irrestricto al agua limpia y fresca, a menos que el animal se encuentre enfermo y vomite con frecuencia (A-Z, p. 226). Los gatos necesitan beber con frecuencia pues pierden con facilidad el agua de su cuerpo, tanto por sudoración como por la orina. En estado salvaje, los gatos obtienen líquidos directamente del cuerpo de su presa y necesitan menos agua, lo mismo que gatos domésticos que se alimentan de comidas preparadas en casa, como carnes, sopas y salsas; pero los gatos que son alimentados con los productos secos del mercado deben disponer de agua suficiente para compensar la falta de fluidos en sus alimentos, lo que desafortunadamente no llega a crear el balance perfecto, sobre todo en los gatos machos, quienes pudieran desarrollar una severa enfermedad llamada *síndrome urológico felino*.

Muchos gatos prefieren la leche, lo que por supuesto les provee del agua necesaria, además de que es una buena fuente de proteínas, grasas y calcio. Sin embargo, la leche debe considerarse más bien un alimento y no sustituye del todo al agua. No hay ningún problema al darle una ración de leche diaria, si se observa que no le causa problemas digestivos. Es una creencia tradicional el que los gatos son grandes tomadores de leche o crema, y resulta sorpresivo enterarnos de que algunos gatos adultos (particularmente los siameses) no toleran los lácteos, pues al parecer son alérgicos a una particular proteína que existe en la leche, por lo que al tomarla sufren diarrea (A-Z, p. 187). Otros gatos pueden desarrollar alguna deficiencia en la *enzima lactosa* que es necesaria para procesar el azúcar de los lácteos, por lo que es inconveniente e incluso peligroso el darles leche, crema o incluso queso.

Alimentos preparados en casa

Al contrario de los perros, los gatos disfrutan de una dieta variada, y el darles diferentes clases de alimentos favorece su salud general y la dotación de proteínas y minerales que necesitan. Se les puede dar toda clase de carnes, ya sea ligeramente fritas o cocidas, incluso con una pequeña cantidad de salsa o puré de papas. No es necesario limpiar la carne de nervaduras o grasas, puesto que los gatos las necesitan para su dieta normal. El hígado es un estupendo alimento para los gatos y una buena fuente de vitamina A, además de que a la mayoría de los gatos les encanta, pero no hay que dárselos con demasiada frecuencia, ya que se podría exceder la concentración de vitamina A en su organismo, lo que propicia deformaciones en los huesos. Los gatos aceptan de muy buen grado tanto el pollo como el conejo, y estos alimentos, ligeramente cocinados, se les pueden dar con todo y huesos, lo que les dará algo que roer y una buena fuente de calcio. Las vísceras pueden incorporarse a su dieta, pero no se les deben dar con demasiada frecuencia porque su contenido proteínico es menor. El pescado es también un estupendo alimento, pues contiene varios minerales, incluyendo yodo. El pescado enlatado en aceite es rico en vitaminas A, D y E y puede ser ofrecido al gato ocasionalmente, por las razones antes citadas del exceso de vitaminas. Como ya dijimos, si el gato tolera y disfruta de los lácteos es muy conveniente proporcionárselos. Una buena dieta consiste en pequeñas cantidades de varios nutrientes, variándose diariamente para obtener un correcto balance.

No es conveniente alimentar al gato solamente de carne, pues aunque es rica en proteínas y grasas, carece de calcio, vitamina A y fósforo; el balance puede lograrse agregando huesos (fósforo y calcio), aceite de hígado (vitaminas A, D y E), además de que puede agregarse un poco de levadura, lo que proporcionará la vitamina B. Es preferible consultar al veterinario antes de agregar otro tipo de alimentos o productos vitamínicos. Aunque un gato bien alimentado no necesita buscar comida fuera de casa, su naturaleza les indica la asechanza y cacería de pequeños roedores, por lo que nunca estaremos seguros de la verdadera cantidad de proteínas, vitaminas y minerales que está recibiendo nuestra mascota, en todo caso, es preferible mantenernos en un nivel de alimentación suficiente y variada, pero nunca excesiva.

El gato es por esencia un "gourmet", por lo que si desde un principio lo acostumbramos a los más exquisitos y caros manjares, después será muy difícil que acepte la comida común; desde luego, esto deberá tomarse en cuenta al planear la dieta de nuestra mascota, considerando que un alimento bien balanceado es suficiente para su salud y bienestar. Desde luego, cada quien decide la manera de tratar a su gato, y ocasionalmente es conveniente premiarlo con algún manjar especial, como sardinas en aceite o atún, incluso en las tiendas de alimentos se encuentran comidas especiales para gatos que están preparadas para los paladares más refinados y que desde luego son bastante caras.

Alimentos comerciales

Es muy común el que muchas personas que poseen mascotas opinen que la comida preparada en casa es la mejor y que los productos comerciales son un pobre sustituto, y como lo mismo piensan respecto de ellos y sus hijos, probablemente están extendiendo el concepto a todos los miembros de la familia, incluyendo al gato. Pero esto no deja de ser un mito, por lo menos tratándose del gato, pues los alimentos comerciales son el producto de la investigación científica aplicada a la nutrición de los animales, por lo que los fabricantes de comida para gatos aseguran que sus productos contienen el exacto balance de proteínas, grasas, vitaminas y minerales que el gato necesita. Considerando la gran población de gatos domésticos y el mercado que esto representa para los productores de alimentos, es muy probable que sea verdad lo que dicen respecto de sus propiedades alimenticias y que no sea muy signficativa la variación de calidad entre una y otra marca. Lo que sí es un hecho es que los gatos en la actualidad son más longevos y saludables que en el pasado, cuando eran alimentados con la comida casera, aunque mucho podría deberse a que los animales de la casa eran alimentados con las "sobras" de la comida familiar, por lo que en realidad los gatos tenían una dieta humana y no felina; si esto continuara así, a todas luces serían preferibles los preparados comerciales.

La comida manufacturada se presenta de tres formas: enlatada y con un alto contenido de líquidos; en forma de pasta y con un menor contenido líquido, lo que se expende en bolsas o cajas selladas; y la más comercial, que es la clásica bolsa de comida seca presentada en bocados. Generalmente los tres tipos de comida gustan a los gatos, aunque por supuesto prefieren la más cara, que es la enlatada, que tiene la ventaja de que incorpora una gran proporción de líquidos altamente proteínicos; por otro lado, la comida seca proporciona un buen ejercicio dental y su valor nutricional es correcto, por lo que muchos dueños de gatos prefieren combinar los dos o tres tipos de comida. Cualquiera que sea la combinación, es necesario que el gato disponga de una buena cantidad de agua para su correcta hidratación. En caso de que sea conveniente que el gato tenga acceso constante a la comida, tal vez porque se queda solo mucho tiempo, es preferible la comida seca. Tanto los estudios como la experiencia han revelado que la mayoría de los gatos prefieren comer "poco y seguido", en vez de una o dos opíparas comilonas, y también que comen sólo lo que necesitan, por lo que no hay problema si se le deja una buena cantidad de comida seca al gato, puesto que ésta no se echa a perder ni ensucia el piso, a diferencia de las comidas preparadas en casa o las de lata, que no pueden ser dejadas mucho tiempo a la intemperie y se tienen que lavar los recipientes del gato, pues en los ambientes cálidos, incluyendo las casas que poseen calefacción, este tipo de comidas pueden generar rápidamente una gran cantidad de toxinas y bacterias, además de atraer moscas e insectos. Normalmente los dueños de gatos se dan cuenta del tipo y la cantidad de comida que necesita su mascota y muchas veces preparan porciones que guardan en el refrigerador, aunque en este caso habría que calentar los alimentos para ofrecérselos al gato.

Algunos veterinarios advierten que una alimentación a base de productos secos puede contribuir al citado síndrome urológico felino (A-Z, p. 222). En realidad no hay problema con la comida en sí misma, sino en la posible deficiencia de ingesta de líquidos por parte del gato, ya sea por descuido de los dueños o porque el gato se siente satisfecho bebiendo poca agua, lo que no deja de ser bastante raro. Lo más probable es que el gato no esté aprovechando bien el agua, lo que puede detectarse porque su orina se vuelve más espesa y se cristaliza con mucha rapidez, siendo precisamente esa cristalización la que produce la obstrucción de la uretra. Este desorden afecta solamente a los machos, cuya uretra es mucho más estrecha que la de las hembras. La comida seca puede ser solamente uno de los factores que contribuyen al desarrollo de esta enfermedad; se considera que la causa principal es una infección viral. Si un gato ha sufrido de este desorden en el pasado, requerirá de una alimentación especial y deberá suspenderse la comida seca; en los casos normales, este tipo de comida es perfectamente aceptable.

La ingesta de hierbas

Al igual que los perros, los gatos ocasionalmente ingieren hierbas; se cree que lo hacen para proveerse de vitaminas y minerales, como el ácido fólico, que pudiera estar faltando en su dieta (en estado salvaje, los gatos ingieren también el estómago de sus presas, que generalmente está lleno de hierba semidigerida). Es frecuente que el gato parezca enfermo después de ingerir hierbas, por lo que se cree que el propósito de esta conducta es el provocar un vómito que le permita limpiar su estómago de algún material indeseable, como pudiera ser una acumulación excesiva de su propio pelo (A-Z, p. 216), o porque ha comido algo que le ha resultado indigesto. La hierba también le puede resultar laxante, lo que puede liberarlo de un problema de estreñimiento.

El comer hierbas es una conducta común en los gatos y probablemente importante para su salud, por lo que es conveniente, en los gatos que no pueden salir de casa, el proveerlos de alguna maceta con hierbas variadas para cuando él las necesite, si se tienen plantas de ornato, es preferible colocarlas fuera del alcance del gato.

Alimentación durante el crecimiento

Como se ha dicho previamente, un cachorro tendrá aproximadamente ocho semanas de nacido cuando llega a casa, por lo que ya no dependerá de la nutrición materna y ha comenzado a aceptar sólidos. En este caso la regla de alimentación es "poco y frecuentemente". Durante la edad de siete a doce semanas será suficiente con tres o cuatro cucharadas de comida semilíquida altamente proteínica cuatro veces al día, acompañándola con un poco de leche. Es preferible usar el tipo de comida que ya se le ha administrado e introducir cambios gradualmente. Si el gatito presenta diarrea. este tipo de alimento deberá ser suspendido e intentar otro; pero si el problema persiste, hay que acudir al veterinario.

En el mercado existen alimentos especiales para cachorros, y lo más conveniente es darles este tipo de comida en vez de prepararla en casa, pues este alimento está debidamente balanceado y esterilizado. Si se prefiere el alimento casero, será conveniente agregar unas gotas de aceite de hígado y un cuarto de cucharada de levadura solamente en una de las cuatro comidas del día, lo que le dará las vitaminas y minerales que necesita. Existen muchos complementos vitamínicos para cachorros, pero en caso de usarlos es conveniente consultar primero al veterinario, sobre todo en lo que se refiere a las dosis. Al principio, la leche que se le ofrezca al cachorro deberá ser de la preparada especialmente para gatos, agregando gradualmente leche de vaca hasta que el gatito la tolere.

Entre los tres y los ocho meses de edad, la cantidad de comida deberá ser aumentada gradualmente, reduciéndose a tres las sesiones de comida; después de los ocho meses se aumentará la cantidad y las sesiones se reducirán a dos. Ahora el gato se encuentra en plena evolución hacia el estado adulto y ya en estas condiciones las reglas pueden volverse tan elásticas como sean las necesidades del propio gato y de sus dueños; muchos prefieren darle un desayuno ligero en la mañana y una opípara comida en la tarde, y el gato parece responder muy bien a este régimen; aunque se ha observado, en gatos que tienen acceso indiscriminado a la comida, que ellos prefieren ingerir pequeñas cantidades cada dos o tres horas en vez de hacer comidas formales, como los humanos. Si se le deja en libertad para manifestar sus preferencias, es de suponerse que desarrollará este patrón de alimentación independientemente de las decisiones de sus amos.

Como todos los animales jóvenes, los gatitos también requieren una cantidad mayor de alimento, en comparación con el tamaño de su cuerpo, que los gatos adultos, puesto que están creciendo con mucha rapidez. Tomándolo como una guía, un gatito de seis semanas necesita tres y media onzas de comida por día, creciendo hasta las siete onzas a las diez semanas, en tanto que los gatos adultos necesitan entre siete y nueve onzas por día, aunque los requerimientos individuales varían considerablemente, dependiendo del tamaño del gato, su edad y su nivel de actividad; además de que el gato no siempre requiere la misma cantidad de alimentos, pues hay periodos en que necesita más y otros menos, aunque ya se encuentre completamente desarrollado, un obvio ejemplo es la madre preñada o en periodo de lactancia, tiempo en el que consume aproximadamente tres veces más comida que en la normalidad. En contraste, un gato sometido a la inmovilidad, ya sea porque está en una pensión o asilo con jaulas o se encuentre lesionado, necesita mucho menos comida que en su estado de actividad normal, igualmente un gato anciano que se pasa la mayor parte del día tumbado al sol requiere mucho menos alimento que cuando era joven y vigoroso. Los gatos esterilizados necesitan menos comida que los que no lo están y tienen tendencia a la obesidad, por lo que habrá que cuidar su alimentación.

Sobrealimentación y obesidad

Un estudio reciente revela que al menos la mitad de las mascotas en los países desarrollados presentan sobrepeso y obesidad. El incremento de peso sucede de manera gradual y la familia no se da cuenta hasta que el animal presenta ya un cuadro de obesidad, pues sus patas y su cabeza aparecen ya como desproporcionadas. Cualquier animal que ingiera más nutrientes de los que necesita creará reservas de grasa en su organismo y desarrollará una indeseable obesidad. En la naturaleza del gato no se encuentra la sobrealimentación, la gordura de los gatos es un fenómeno relativamente nuevo en el que se involucran factores diversos.

En primer lugar, las fórmulas de los productos alimenticios incluyen saborizantes que son muy atractivos para los gatos, además de las comidas "gourmet" que son especialmente enriquecidas y sabrosas; aunque dichos alimentos se encuentran debidamente balanceados y el gato tenga un esquema de mesura en su conducta, no puede resistir la tentación de la gula cuando saborea estos manjares. En segundo lugar, en las ciudades modernas es común que se mantenga a los gatos en el interior de las casas o departamentos, con lo que los gatos permanecen inactivos mucho tiempo y se aburren mucho, por lo que se compensan con más comida de la que en realidad necesitan. La tercera causa es que los dueños muy frecuentemente sobrestiman las necesidades alimenticias de su gato, pues observan que consume su ración con mucho gusto y rapidez, por lo que fácilmente caen en la tentación de darle un poco más de esa comida "especial" que tanto le gusta. Finalmente, en muchas familias se tiene la costumbre de "invitar" al gatito de lo que se está comiendo, para hacerlo partícipe de la convivencia familiar o de un buen programa de televisión. Esto es algo muy tierno y humano, pero nefasto para la correcta alimentación del gato, quien no tarda en presentar problemas de sobrepeso y finalmente se convierte en un gato obeso con problemas para moverse y toda clase de tendencias insanas en su organismo.

Los gatos obesos son generalmente muy mimados y queridos por sus dueños, pero son los principales clientes de los veterinarios. Es muy común que sean precisamente los veterinarios los únicos que se dan cuenta de que el gato va desarrollando obesidad y sugiere una nueva estrategia de alimentación. Es muy conveniente que la propia familia lleve un registro del peso de su mascota, tomando un dato inicial cuando el gato ya está completamente desarrollado y su estampa es vigorosa; de esa manera, podrán darse cuenta de un aumento indeseable de peso y modificar a tiempo sus procedimientos alimenticios para prevenir un problema de obesidad que después será más difícil de combatir y penoso para el gato. Cuando se analiza objetivamente entre los miembros de la familia sus relaciones alimenticias con el gato puede resultar sorprendente para ellos mismos la cantidad de alimento innecesario que se le proporciona y la persuasión a la que se le somete para que coma de más. En muchos casos el problema se resuelve eliminando las "botanas" que recibe el gato entre sus verdaderas comidas y reduciendo un poco su ración normal hasta que se alcanza el peso adecuado y el gato recupera su aspecto normal. Cuando el problema ya se encuentra muy avanzado probablemente tenga que someterse al gato a una dieta baja en grasas y reducir drásticamente su ración de comida, lo que hará que el gato sufra más que si la situación se corrige a tiempo.

Por lo dicho arriba, es conveniente pesar al gato con frecuencia, lo que muchas personas consideran una tarea dificil, pues el gato no se queda quieto sobre la báscula, pero hay un procedimiento práctico y fácil de realizar: simplemente se pesa uno primero y después se pesa cargando al gato, aunque esto puede darnos dos sorpresas, en vez de una sola. Si esta se hace una vez por semana nos daremos cuenta de la realidad del aumento o disminución de peso y podremos también evaluar la efectividad del tratamiento que estamos siguiendo. Una vez que se alcanza el peso deseado podrá restablecerse una dieta normal, pero siempre cuidando los aumentos de peso, para que el problema no vuelva a presentarse.

Baja de la ingesta y pérdida de peso en el gato enfermo

En circunstancias normales es poco probable que el gato, ya sea cachorro o adulto, manifieste poco entusiasmo por la comida y seguramente pedirá más si no se siente satisfecho. La rutina de supervisión del peso descrita en el apartado anterior nos permitirá descubrir si el gato está adelgazando, lo que no es en absoluto normal en un gato adulto, por lo que deberá ser auscultado por el veterinario, pues es probable que se encuentre enfermo, en cuyo caso la pérdida de peso es una primera señal, aunque posiblemente se podrán descubrir otros indicadores.

Lo gatos callejeros y los cachorros abandonados normalmente presentan severos cuadros de malnutrición. En el caso de los cachorros, esto puede tener serias consecuencias para su crecimiento y desarrollo, particularmente si no ha sido alimentado en suficiencia por la madre. Aunque el gatito sea alimentado correctamente a partir de su adopción, es posible que no alcance el peso y la estatura normal de un gato de su raza que haya sido cuidado desde pequeño. Los adultos recogidos generalmente se encuentran en un lastimoso estado de malnutrición que se nota sobre todo en la prominencia de los huesos del lomo, y en general, se percibe la falta de grasa subcutánea. En estas condiciones es muy probable que el animal sufra de parasitosis, dado que sus defensas ante esos bichos son muy débiles, además de que también puede estar infestado por parásitos externos que pueden causar una baja considerable de la vitalidad del gato. Los gatos son especialmente vulnerables a las infecciones bacterianas o virales y en una condición de desamparo es mucho más probable que contraigan enfermedades. Si su condición es muy severa, la conducta del gato reflejará una gran apatía, al grado de que no se opondrá a la manipulación que en condiciones normales un gato no acepta. Un gato que se encuentra en este estado requiere de urgente tratamiento veterinario y seguramente tendrá que ser sometido a un régimen alimenticio especial antes que nada. En casos menos severos, cuando el gato se manifiesta hambriento y acepta con facilidad la comida, no hay problema en dejarlo comer lo que quiera antes de tomar cualquier decisión.

Algunas veces es necesario hacer acopio de paciencia para persuadir al gato a que coma. Si un gato se rehusa a tomar alimentos, la mejor estrategia es darle algo de carne cruda y de preferencia tibia, sin preocuparnos por el balance alimenticio o las consecuencias a largo plazo; también pueden funcionar perfectamente las comidas especiales para gatos, de fuerte sabor, como las que se venden enlatadas, este tipo de alimentos resultan más efectivos si es el caso que el gato se encuentre afectado de sus vías respiratorias, pues el olor de estos alimentos es muy penetrante y puede rebasar la pérdida de agudeza olfativa y del gusto. También es conveniente ofrecerle leche en vez de agua. En muchos casos, es necesario poner un poco de comida en su boca para que pueda degustarla y con ello estimular la conducta a seguir comiendo. También existen alimentos especialmente diseñados para gatos enfermos que se expenden en los consultorios veterinarios y pueden ser empleados con éxito cuando el gato rechaza la dieta normal. Si todo lo anterior falla, será necesario intentar forzar al gato a comer, aunque esto deberá hacerse con gentileza y asegurándose de que el gato se encuentra despierto y consciente; para ello puede usarse una jeringa desprovista de aguja con la que se puede introducir líquidos directamente en la boca del animal, o en los casos de cachorros abandonados por la madre se puede utilizar un gotero lleno de leche especial para gatos. Es preferible que la operación sea realizada por dos personas, pues mientras una sostiene al gato, tal vez envolviéndolo con una toalla, la otra irá volcando el alimento con delicadeza y paciencia, pues lo normal es que el gato no acepte de primera instancia este tratamiento; la jeringa o el gotero deberá insertarse lateralmente y no por el frente de la boca, pues de esa manera se lastima menos al gato y éste siente menos agresivo el tratamiento. Se deberán introducir pequeñas cantidades de alimento y permitir que el gato trague por si mismo, retirando el instrumento y dando tiempo para que el gato no tenga sensaciones de asfixia, si el gato parece ahogarse con el líquido que se le administra deberá levantarse su cabeza, de manera que el alimento resbale de manera natural por su garganta. También se pueden introducir pequeñas cantidades de comida macerada o papilla utilizando una cuchara que se inserta lateralmente, permitiendo que el gato la vaya saboreando y deglutiendo por sí mismo. El mayor riesgo en esta clase de manipulaciones es que parte del alimento vaya a los pulmones del gato por inhalación, lo que puede producirle un cuadro de neumonía (A-Z, p. 213), lo que pudiera ser fatal, por lo que es muy importante que se le proporcionen solamente pequeñas cantidades cada vez y que se le den los tiempos adecuados para respirar con libertad, por lo que este procedimiento puede tomar un buen tiempo, aunque de cualquier manera no será suficiente una sola sesión sino que habrá que repetirla varias veces durante el día para que el gato realmente reciba una suficiente cantidad de nutrientes; si el gato responde bien y realmente puede digerir el alimento, en poco tiempo podrá alimentarse por sí mismo.

ENTRENAMIENTO

Entrenando al cachorro

Uno de los mayores encantos del gato es su natural independencia, pero esto también significa que un gato es más difícil de entrenar que un perro. Los perros normalmente tratan de agradar a sus amos y ganarse su aprecio, mientras que el gato se preocupa principalmente por sí mismo, lo que en cierta forma es una ventaja, pues el gato es menos demandante y la convivencia se facilita, lo único que se necesita es una serie de reglas que se habrán de establecer con firmeza desde el principio y una gran cantidad de amor y sentido común.

Los gatos aprenden rápidamente a responder a la voz de sus amos y reconocen las inflexiones que significan enojo o satisfacción. Es conveniente saber que los gatos detestan los ruidos fuertes, por lo que un simple palmoteo sobre la mesa será suficiente para que el gato suspenda una conducta inadecuada; si se acompañan esos ruidos con palabras cortas, más tarde no habrá que producir los ruidos sino solamente decir las palabras de orden con un tono de firmeza, pero sin necesidad de alzar la voz. Al principio es toda una labor de supervisión, pero el gato aprende lo permitido y lo prohibido sin necesidad de agredirlo realmente; por ejemplo, si el cachorro usa demasiada fuerza cuando nos muerde jugando, un simple "¡NO!" expresado con firmeza y el toque de su delicada nariz con el dedo hará que se detenga, si esto se repite muchas veces, el gatito asociará la mordida con el rechazo y se restringirá a un jugueteo suave con sus dientes o sus uñas; de igual manera, un simple "¡ABAJO!" acompañado de un aplauso cuando se sube a un sillón prohibido será suficiente para extinguir esa conducta, siempre y cuando se le dedique tiempo al cachorro y todos los miembros de la familia sigan el mismo patrón de entrenamiento. Una de las principales conductas destructivas de los gatos es el afilado de sus uñas precisamente en nuestro sillón favorito. Esta es una conducta normal dentro del repertorio del gato y es una especie de entrenamiento para el uso de sus uñas, asegurándose de que se encuentran en buen estado para la pelea o la cacería; esto lo hace solamente con las uñas de las patas delanteras, deteniéndose con sus patas traseras delante de la superficie elegida para esta práctica. Este trabajo con las uñas tiene también la finalidad de marcar su territorio y aparentemente ayuda a repeler la presencia de rivales, pues se expele una sustancia inodora para los humanos, pero no para los gatos.

Cuando esta conducta es aplicada a los muebles es necesario modificarla, lo que resulta difícil, pues proviene de un patrón muy acendrado en la dotación genética del gato, por lo que en este caso se deberá proceder con gran firmeza, haciendo un ruido estridente cuando se presente e incluso golpeando suavemente al cachorro cuando realice este ejercicio en los lugares prohibidos, al mismo tiempo deberá proveérsele de una tabla o un poste especial para que lleve a cabo esta conducta que para él es necesaria; incluso se puede comprar un aditamento especial en las tiendas de animales, pero nomalmente hay algo en casa que puede utilizarse para tal efecto; de preferencia que sea una superficie dura y cubierta con trapo o colchoneta para que el gato se dé el gusto de rasgar todo lo que quiera y sentirse muy bien sin necesidad de dañar nuestros muebles. Es necesario que el gato sienta que su conducta dentro de la casa tiene un efecto entre los humanos y éste puede ser agradable cuando hace lo correcto, o aversivo cuando hace lo contrario. Al contar con un poste para que el gato ejercite sus uñas, cada vez que intente hacerlo en un mueble deberá hacerse un palmoteo y pronunciarse el "no", pero inmediatamente llevarlo al poste e invitarlo a rascar ahí, reforzando su conducta con una voz suave y caricias, de esta manera se condicionará su conducta y finalmente el gato no sentirá la tentación de rascar los muebles.

Educación para las evacuaciones

Los gatos son por naturaleza limpios y se acicalan con frecuencia, además de que poseen el instinto de enterrar sus heces y orina. Durante las primeras tres semanas de vida, los cachorros se encuentran indefensos y al cuidado de la madre, quien es la que los limpia y se hace cargo de sus evacuaciones. De hecho, la madre estimula el funcionamiento de los esfínteres de sus crías lamiendo sus genitales y su ano para que evacuen con regularidad, al término de esta primera etapa, los gatitos comienzan a explorar los alrededores y ese es el momento en que la madre los lleva hasta la caja de arena o el lugar del jardín que ella misma usa, mostrándoles la manera de rascar y enterrar sus evacuaciones, lo que es una conducta natural pero reforzada por el entrenamiento de la madre y de los dueños de los cachorritos; de esta manera se les "programa" para que usen el retrete predispuesto y se acostumbren a él.

Cuando el gatito es separado de su madre y llevado a otra casa, su programación anterior se invalida en parte, pues la conducta ya existe, pero no el lugar donde realizarla. Así que hay que volverla a establecer. El procedimiento más adecuado es el mantener al gatito en una habitación, usualmente la cocina, hasta que haya aprendido a usar el retrete, que puede ser un recipiente lleno de arena, de preferencia de la especial para gatos, que incluso contiene sustancias deodorizantes; este "arenero" se coloca en algún rincón que parezca tranquilo y cómodo para el gatito y que se encuentre alejado de su cama; es conveniente colocar el recipiente sobre papel periódico o un tapete viejo, pues al rascar el gatito puede rociar un poco de arena sobre el piso. Al principio, el cachorro deberá ser llevado al arenero frecuentemente, particularmente cuando se despierta de un largo sueño e inmediatamente después de sus comidas, pues en el gato sucede que los nuevos alimentos desplazan los contenidos ya digeridos, concentrándose rápidamente en los intestinos y produciendo la necesidad de evacuación. La mayoría de los mamíferos tienen un escaso control de sus esfínteres cuando son pequeños, pero lo adquieren con rapidez en su desarrollo, por lo que son inevitables los "accidentes" con los cachorros, lo que no significa que estén respondiendo mal al entrenamiento, sobre todo si consideramos que la separación de la madre es muy reciente y que el gatito se encuentra ciertamente angustiado en su nueva situación, por lo que debemos ser pacientes con él. Cuando se observa que el cachorro se encuentra orinando o defecando en un lugar inadecuado, se le deberá reprender de inmediato y llevarlo hasta su arenero; el lugar donde haya evacuado tendrá que ser limpiado y deodorizado, pues si permanecen remanentes de su olor, el gatito tenderá a volver a usar ese lugar a manera de retrete. El arenero también deberá limpiarse con frecuencia, pues si se deja mucho tiempo el propio gato rehusará usarlo, pues ya no satisfará sus necesidades de limpieza. No es prudente tocar la arena con las manos porque algunos parásitos son muy resistentes y pueden sobrevivir incluso al lavado de manos y ser peligrosos para el humano; especialmente se debe cuidar que los niños no manipulen la arena del gato; es conveniente usar guantes de hule para manejar la arena y lavar perfectamente el recipiente antes de colocar la nueva.

Como ya hemos dicho, algunas arenas comerciales son tratadas con químicos deodorizantes, lo que puede ser desagradable para nuestro gato, cuando nos demos cuenta de que él rechaza el arenero es preferible cambiar la marca de la arena hasta encontrar aquélla que no le molesta. Si la estrategia es que el gatito evacúe fuera de la casa, en algún lugar del jardín, es conveniente agregar a la arena algo de tierra del jardín para que el cachorro se acostumbre al olor; incluso se puede usar solamente tierra en el recipiente, pero hay que considerar que el gatito impregnará sus patas y después ensuciará el piso. La mayoría de los gatos se adaptan a un rincón del jardín, pero hay algunos que siempre preferirán la arena, pues han quedado fuertemente marcados por el entrenamiento. Si éste es el caso, es conveniente ir desplazando el recipiente con la arena un poco cada día y en dirección hacia la puerta, y después en el exterior, hasta que termine en el lugar deseado. Una vez que el gato está usando el arenero fuera de la casa, es conveniente vaciar un poco de la arena que contenga su olor en el rincón de tierra que será su retrete y quitar el arenero; normalmente el gato estará en disposición de usar el nuevo retrete porque ya se le ha marcado el lugar y su olor lo estimula. Es necesario decir que cuando el gato hace sus necesidades directamente sobre la tierra no podemos tener la absoluta seguridad de que continuará haciéndolo siempre en el mismo lugar de nuestro jardín o en el jardín del vecino; por lo que si el gato tiene acceso a otros terrenos es preferible acostumbrarlo al arenero, ya sea dentro o fuera de la casa. También es de considerarse que los gatos adoran la comodidad, y si el arenero es colocado totalmente a la intemperie, el gato seguramente tomará la decisión de no salir de casa en una noche fría de invierno.

Aprendiendo su nombre

Es fácil que un perro se acostumbre a responder por su nombre, pero no es tan fácil que el gato acepte llamarse de tal o cual manera, por lo que el entrenamiento del gato en este sentido toma más tiempo. Desde que llega a casa hay que darle un nombre y repetírselo siempre que se dirijan al cachorro, especialmente cuando se está jugando con él o se le llama para comer, es conveniente reforzar la pronunciación de su nombre con algún estímulo agradable, como algún sabroso bocado o una caricia, de manera que el gato asocie su nombre con algo placentero. Cuando ya se le permite salir de casa, es necesario reiniciar el entrenamiento llamándolo desde la puerta de entrada y premiándolo cuando acude; desde luego todo refuerzo alimenticio funciona mejor si el gato no se encuentra sobrealimentado, pues entonces disfruta ampliamente lo que se le ofrezca. Cuando el gato alcanza su estado adulto, muy probablemente ya se habrán establecido los automatismos y no será necesario premiarlo cada vez que realiza una conducta deseable. Seguramente también ya conoce sus horarios de comida y acudirá regularmente; los gatos establecen patrones de conducta muy determinados, por lo que si hemos trabajado bien con nuestra mascota sabremos lo que está haciendo en cada momento.

Caminar junto a su amo

Igual que un perro, un gato puede acostumbrarse a caminar junto a su amo si es entrenado desde pequeño. Algunas razas son particularmente educables en este sentido, una de ellas es la siamesa. Cuando se lleva al gato a pasear, es más conveniente usar un arnés en vez de un collar, para evitar que el gato se lastime el cuello. Antes de usar la correa, es necesario que el cachorro se acostumbre a usar el arnés en sí mismo; desde luego, habrá que adquirir un arnés que se pueda ajustar, previendo el crecimiento del gato. Cuando el cachorro se comporta normalmente con este implemento, podremos incorporar la correa, dejándolo que juegue y controlándolo con gentileza, sin forzar demasiado sus movimientos. Una vez que el gatito se ha acostumbrado a estos manipuleos, podemos comenzar a caminar con él al lado. Cuando el gato se adelante o se atrase demasiado habrá que jalarlo con cuidado y mostrar disgusto; pero cuando camina armónicamente a nuestro lado deberemos premiarlo; al principio hay que reforzar esta conducta muchas veces y tener paciencia, con el tiempo el gato se sentirá cómodo al caminar a nuestro lado.

Al principio es preferible trabajar esta conducta dentro de casa, ya que el gatito se siente a gusto y lo tiene todo explorado; cuando sintamos que ya se ha progresado lo suficiente podremos comenzar a dar cortos paseos por la calle. Cuando vemos que el gato se asusta, debemos cargarlo de inmediato para que se sienta protegido, y sólo lo dejaremos sobre el piso cuando sintamos que está tranquilo. Es natural que al principio el cachorro se sienta muy inquieto, pero a medida que se avanza en el ejercicio y el animal crece, aumentará su seguridad. Aunque el gato esté destinado a permanecer en casa, es conveniente entrenarlo a caminar afuera, sobre todo por el peligro que representa el tráfico; un gatito que no tiene experiencia del exterior se encuentra en grave peligro si se escapa.

La puerta del gato

Si queremos dar libertad al gato para que entre y salga de la casa a voluntad es necesario hacerle una puerta propia, de manera que no tengamos la molestia de estar abriendo o cerrando la puerta principal a petición del gato y cuando a él se le ocurra. La instalación es muy sencilla pero implica mutilar nuestra puerta, pues habrá que abrir un hueco en la parte inferior de unos quince centímetros de ancho y alto; a este hueco se le instala una puerta con grapas de resorte en la parte superior, de manera que el gato la empuja igual para entrar que para salir y el hueco permanecerá cerrado para evitar el polvo o el frío en el invierno. Éste es el tipo más común y más barato, pero existen otras puertas más sofisticadas que sólo abren cuando el gato presiona en cierto lugar, e incluso otras que tienen un sistema electromagnético que sólo abre en la cercanía de nuestro gato, pues se instala una llave magnética en su collar; esto tal vez pudiera parecer exagerado, pero hay barrios en los que proliferan los gatos callejeros y éstos rápidamente aprenden a usar la puerta de nuestra mascota y mucho más si se trata de una hembra.

La mayoría de los gatos aprenden rápidamente a usar su puerta, pero a otros les cuesta más trabajo. La mejor edad para introducir al gato en el uso de la puerta es cuando ya ha ganado la suficiente confianza y ha sido entrenado para reconocer y manejar los alrededores de la casa; aproximadamente a los tres meses de edad.

Al principio, la puerta deberá permanecer abierta y el gato deberá ser inducido a traspasar el hueco hacia afuera y adentro, invitándolo con un juguete o algo de comida. Una vez que ha perdido el miedo de traspasar el umbral, habrá que irle bajando la tapa y mostrarle cómo se empuja, siguiendo con el sistema de premios de uno y otro lado, hasta que el gato entienda que la puerta es solamente un obstáculo fácil de remover; sin embargo, habrá que ajustar el grado de resistencia deseado, ya que si es demasiado ligera se moverá con el viento y permitirá el paso del polvo o el frío, y si es muy dura el gato no la podrá abrir.

Entrenamiento del gato adulto

Un gato adulto llega a su nuevo hogar con un conjunto de hábitos ya establecidos y ciertos patrones de conducta que, aunque pudieran ser buenos, no siempre son los más indicados para nuestro estilo de vida; o tal vez pudiera tener malos hábitos pues no ha sido educado correctamente, sobre todo en lo que se refiere a sus evacuaciones o el rascado de los muebles. En todo caso, se deben usar los mismos procedimientos que se emplean con el cachorro, aunque con un poco más de energía, utilizando un tratamiento "de shock" o terapia aversiva cuando observamos una conducta indeseable. En el caso de los adultos habrá que usar alguna técnica un poco más "convincente" que el simple ruido fuerte y la palabra, para ello es muy conveniente hacernos de una pistola de agua de juguete y rociar al gato directamente en la cara, lo que a él le resultará muy molesto y desconcertante. Aunque esto pudiera parecer bastante cruel, es tan efectivo que ahorrará muchas molestias, tanto al gato como a nosotros; desde luego no es nuestra intención asustar seriamente al gato, sino solamente extinguir conductas inadecuadas en nuestra casa, por lo que no se trata solamente de castigarlo, sino también de premiarlo y manifestarle afecto cuando su conducta es aceptable, aunque no haga nada especialmente meritorio.

Algunas veces, a pesar de nuestra paciencia y perseverancia, el reeducar a un gato adulto que se resiste puede ser muy molesto, dado que debe estar siempre bajo observación; en los casos difíciles es preferible confinar, durante algún tiempo, al gato en alguna habitación de la casa donde sus desmanes no causen daño y trabajar con él el tiempo que nosotros dispongamos; de esta manera el gato no puede escapar a nuestra supervisión.

LIMPIEZA Y CUIDADOS

Higiene

Los gatos son por naturaleza limpios y se acicalan frecuentemente como parte de su rutina diaria, generalmente después de comer o dormir. El gato usa su lengua para limpiarse, pues su lengua es particularmente áspera debido a que posee una gran cantidad de papilas en forma de pequeños puntos resaltados. Estas papilas recogen el pelo desprendido, grasas y partículas de suciedad, lo que el gato simplemente traga, en vez de escupirlo, esto puede ser un problema en los gatos de pelo largo, pues tragan una gran cantidad de pelo y esto llega a rebasar sus potencialidades digestivas, por lo que se pueden formar grumos de pelo en su estómago o intestinos, produciéndose peligrosas oclusiones (A-Z, p. 216). En los gatos de pelo largo, es necesario colaborar con su limpieza cepillándolos con frecuencia, para evitar la formación de esos grumos.

El gato usa su lengua para limpiar todas las partes de su cuerpo que puede alcanzar, humedeciéndose con su propia saliva, para los lugares que no puede alcanzar con su lengua, el gato usa sus patas, frotándose vigorosamente hasta que siente que ya no quedan restos de suciedad. Cuando son muy pequeños, los cachorros son acicalados por la madre por lo menos durante las tres primeras semanas de vida, de ahí a las seis semanas el gatito es inducido a limpiarse por sí mismo, hábito que permanecerá toda su vida. Normalmente los gatos se acicalan unos a otros como parte de su interacción y el establecimiento de vínculos duraderos. Los nuevos dueños de un gatito deberán realizar esa misma conducta para establecer la amistad con su mascota en cuanto llega a casa, él se sentirá tranquilo y querido cuando es tratado como lo trataba su madre; para esto necesitamos tener preparado un cepillo adecuado para el tipo de gato que vamos a adoptar. Un gato de pelo corto puede necesitar una o dos cepilladas por semana y con más frecuencia cuando están cambiando de pelo. Las razas de pelo largo requieren más cuidado, pues, como ya dijimos, corren el riesgo de enfermarse seriamente por el pelo ingerido; en este caso, además del cepillo es conveniente usar un peine, de preferencia metálico y con las puntas redondeadas para prevenir lastimaduras en la piel.

La mejor estrategia es comenzar a peinar de la cabeza al cuello para después bajar al resto del cuerpo, al principio con cuidado para deshacer los enredos de pelo y después con más vigor; es conveniente trabajar en pequeñas secciones de pelo, para no molestar al gato con excesivos tirones; también se debe peinar o cepillar la cola y el vientre. Después de usarlos, tanto el peine como el cepillo deberán limpiarse para remover completamente el pelo muerto. Es preferible usar un cepillo especial para gatos de los que venden en las tiendas de mascotas, y los mejores, aunque más caros, son los de cerdas naturales. Después del peinado y cepillado habrá que recompensar al gato, primero con una serie de caricias, lo que no solamente le dará la sensación de haberse comportado bien, sino que le dejará el pelo más brillante, después habrá que darle algún bocado de premio o jugar con él un rato.

En algunas razas el cepillado puede resultar una gran labor; por ejemplo, en los himalayas o persas, que poseen un pelaje muy largo y espeso; el trabajo se dificulta por el hecho de que a este tipo de gatos fácilmente se les enreda el pelo y el cepillado puede ser molesto para ellos, y generan una gran aversión, por lo que es necesario ser firme y perseverante. Normalmente, cuando se empieza con el cepillado desde muy pequeño, el gato se acostumbra a tolerar este procedimiento como parte de la vida normal y si se hace con suficiente frecuencia se molesta menos al gato y éste lo sentirá como una muestra de afecto. Cuando el gato adulto no ha sido acostumbrado al cepillado será muy reacio a ello y tendremos que ser muy cuidadosos en no generar un sentimiento aversivo hacia nosotros, pues él puede interpretar el cepillado como una especie de tortura, sobre todo en los gatos de pelo largo en los que ya se ha generado una gran cantidad de grumos que deshacer o, en muchos casos, simplemente cortar; en estos casos debemos estar conscientes de que no acabaremos en una sola sesión, es preferible hacerlo en varias tan cortas como observemos que el gato no se desespera. Nunca se deberá tratar de deshacer un enredo jalando directamente desde la piel, sino tomando con los dedos pequeñas porciones de pelo y tirando hacia fuera con el cepillo o el peine; si no es posible deshacer estos grumos, es preferible ir cortando parte de ese pelo enredado con unas tijeras de puntas redondas hasta que se liberen los nudos y el cepillo corra con libertad. Se dan casos de gatos tan descuidados que es necesario anestesiarlos para liberarlos de los nudos que cubren todo su cuerpo, eso, desde luego, tendrá que hacerlo un veterinario; eso sucede cuando el gato no ha sido educado a tiempo y la operación resulta muy difícil y traumática, tanto para el gato como para sus dueños.

El cepillado nos presenta la oportunidad para revisar la piel del gato en busca de posibles desórdenes en la piel, heridas o marcas de infección que no serían detectables en otras circunstancias; de igual manera debemos revisar el interior de los oídos y los ojos, para asegurarnos de que no hay rastros de parásitos.

Cuidado de los dientes

En condiciones de vida doméstica, los gatos pueden generar una enfermedad de los dientes conocida como *tartarismo* o *cálculos dentales*. Estos cálculos o protuberancias crecen en presencia de una bacteria que vive en el sarro de los dientes y que se forma tanto por la acumulación de restos de comida como por la dureza del agua, afectando en primer lugar a los premolares y el primer par de molares. Si nos fijamos con atención podremos notar que aparecen pequeñas protuberancias entre las piezas que se han indicado, notándose también una hinchazón en las encías del animal y la formación de pústulas que al canalizar su contenido van infectando el resto de la dentadura, y si esto continúa se puede producir una infección general de las mandíbulas del gato; en estas condiciones ya tenemos un serio problema, pues se producen grandes abscesos que causan dolor al gato, pérdida de dientes y mal aliento (halitosis). A esto se le llama "cuadro peridental" y es bastante común en gatos y perros (A-Z, p. 165, 202).

En estado salvaje, los gatos usan constantemente sus dientes para cazar y comer a su presa, incluyendo los huesos y tejidos duros, lo que mantiene sus dientes en constante ejercicio, protegiéndolos de esta clase de enfermedad. En el caso de los gatos domésticos, la alimentación es más suave y muchas piezas dentales no cumplen sus funciones naturales y acumulan sarro. La mejor manera de combatir este deterioro de los dientes es incorporar en su alimentación algunos elementos duros, como huesos o alimentos comerciales sólidos; además, se les pueden proporcionar juguetes de materiales que pueden ser roídos con placer y que se venden en las tiendas de mascotas. También es conveniente de vez en cuando limpiar los dientes del gato con un cepillo especial para él que sea recomendado por el veterinario (alternativamente puede ser usado un cepillo de bebé). La pasta dentífrica humana resulta demasiado irritante para los gatos, por lo que es conveniente usar la que se produce específicamente para gatos. Para lavar sus dientes, el gato deberá colocarse sobre una mesa en posición de sentado y tomarlo del cuello; se insertará el cepillo con cuidado y se friccionará como en el caso de los dientes humanos, con movimientos horizontales y verticales. En el caso de los gatos que se mantienen con alimentos suaves, será necesario lavar sus dientes con más frecuencia, pero en todos los casos hay que hacerlo por lo menos una vez por semana para evitar con seguridad la aparición de la infección dental descrita.

Ojos y orejas

Normalmente no es necesario limpiar las orejas, los oídos o los ojos del gato cuando no presentan signos de inflamación o marcas de infección. La inflamación de los oídos es causada por larvas de insectos parasitarios, lo que es bastante común en los gatos; puede causar severa irritación, la que aumenta por el daño que se hace el propio gato al rascarse vigorosamente. La señal más común de la presencia de estas larvas es la aparición de grumos de color café oscuro que forman crestas dentro del oído. Cuando se presenta este caso, o en cualquier anomalía que se observa en los ojos del gato, es necesario llevarlo al veterinario para obtener un diagnóstico y tratamiento adecuado; las curas caseras pueden tener efectos nocivos, sobre todo en los ojos.

Infecciones

Los dueños responsables incluyen en sus cuidados la periódica desparasitación de sus mascotas, para reducir los riesgos de enfermedades infecciosas. En el mercado existe una gran variedad de medicamentos para desparasitar animales y actúan en forma general, cuando no se trata de un procedimiento de rutina sino que se observa que el gato se encuentra enfermo, habrá que consultar al veterinario para administrarle un antibiótico específico y en dosis adecuadas. En el caso de las gatas madres, es necesario proceder a la desparasitación antes y después del parto, para no exponer a las crías. Los cachorros sufren una infección parasitaria de una especie llamada *toxicara cati*, que adquieren en forma larvaria directamente de la madre, por medio de la leche, los primeros días de nacidos. Las infecciones que afectan a los gatos ya mayores se deben principalmente a su interacción con el medio ambiente y su contacto con gatos de la calle; sin embargo, es muy común que los gatos, aun dentro de casa, reciban a sus principales huéspedes, que son las pulgas, llamadas científicamente *dipylidium caninum*; las larvas de las moscas son microscópicas y pueden llegar a casa por cualquier medio, incluso el viento, por lo que la infestación de nuestro gato no debe interpretarse como un descuido.

En el caso de los parásitos internos, es necesario prestar atención a la gata preñada, procediendo a su desparasitación un mes antes de su alumbramiento. Los críos también deberán ser tratados cada dos semanas, comenzando desde la edad de tres semanas y hasta las doce. Un gato adulto que se encuentra libre y que puede ejercer la cacería deberá ser tratado tres o cuatro veces por año, de preferencia con una preparación especial señalada por un veterinario. Si el gato permanece en casa todo el tiempo, deberá ser desparasitado una o dos veces al año.

Vacunación

Es de vital importancia proteger la salud de un cachorro o gato adulto, asegurándonos de que han sido vacunados contra las enfermedades más serias y comunes, que pueden ser fatales para ellos si no están protegidos; el cuadro de vacunación incluye la siguiente enfermedad:

Influenza felina (FeLV). Se trata de una seria infección viral que ataca los tejidos límbicos y es responsable, en la mayoría de los casos, de la creación de malformaciones llamadas *linfosarcomas*. Esta enfermedad causa la degeneración de varios sistemas orgánicos y deja al gato vulnerable a otras infecciones, debido a que ataca el sistema inmunológicó. Actualmente existe una vacuna inyectable que resulta muy eficaz para evitar esta enfermedad, que antiguamente era la causa más común de mortalidad en los gatos.

Es muy importante acudir al veterinario lo más pronto posible al adoptar un gato como mascota y establecer su programa de vacunación, así como de salud general, aprovechar esta oportunidad para elaborar un diagnóstico completo del gato y abrir su expediente, particularmente en el caso de los animales que han estado en asilos o en tiendas, donde han tenido íntimo contacto con otros. Desgraciadamente, es muy común que gatitos que se adquieren en establecimientos serios y cuidadosos, de todas maneras presenten problemas de algún tipo, pues hay probabilidades de que adquieran alguna enfermedad poco antes de ser entregados o traerla en estado latente, por lo que no es prudente confiar en el certificado de salud que se nos da junto con nuestra mascota.

Esterilización

Como se mencionó anteriormente, un gato "completo" y en libertad tiene muchas probabilidades de procrear en la calle, aumentando con ello la cantidad de animales vagabundos y desamparados; es por tanto una responsabilidad moral del dueño de una mascota el evitar esta triste situación, esterilizando al animal (castrando al macho y ligando a la hembra), ya que le será prácticamente imposible vigilar a su mascota para que se aparee solamente en condiciones controladas y por voluntad de sus dueños. Muchas personas sienten que su gato perderá vitalidad y alegría si se le opera, por lo que es necesario hablar un poco de las ventajas que esto representa tanto para el gato como para sus dueños.

Un gato macho que permanece intacto rondará por el vecindario en busca de hembras para aparearse y luchará por ese privilegio con otros machos, con lo que se puede ganar multitud de heridas, lesiones e infecciones. No es raro que un gato sin castrar se ausente de casa por varios días y regrese flaco y maltrecho, habiendo causado un alto grado de angustia en sus amos; además de que en sus correrías tiene un peligro mayor de ser arrollado por un auto; el considerar que este estilo de vida es estimulante para el gato no deja de ser un mito, pues está comprobado que la cantidad y calidad de vida aumenta considerablemente en un gato esterilizado. Desde el punto de vista de los dueños, un gato sin esterilizar es una mascota menos disfrutable, pues su conducta es más agresiva, menos afectiva y su olor puede ser bastante desagradable, no solamente por el que despide su cuerpo, sino el que deja por los rincones, pues un macho sin castrar tiende a rociar la casa con su orina para marcar su territorio.

Usualmente, la operación se realiza antes de que el cachorro alcance la pubertad (entre los siete y nueve meses), inmediatamente después de que los testículos han bajado hasta el escroto; en esta edad, la operación resulta sencilla y poco traumática para el macho, pues se realiza con anestesia local y el gato vuelve en sí unas horas después sin mayores problemas.

La castración también previene el desarrollo de hábitos antisociales, como el ya señalado de la marcación con orina, el vagabundeo y el aumento de agresividad en los periodos de celo. Aunque estas conductas se reducen considerablemente en adultos que han sido castrados, podrían continuar si el gato fue operado mucho tiempo después de que se produjo su madurez sexual.

La hembra alcanza la pubertad a la edad de seis o siete meses, cuando tiene su primer periodo de ovulación, a partir de entonces se encuentra sexualmente receptiva y apta para la procreación. En las gatitas ocurren cambios muy marcados; uno de ellos es que comienza a emitir un característico maullido de reclamo sexual que atrae a los machos del vecindario; además de que en sus periodos de celo la gata se encuentra nerviosa y busca la manera de salir a la calle; en esas circunstancias, los alrededores de nuestra casa se llenarán de gatos callejeros y domésticos que lucharán por la posesión de la hembra. Los periodos de celo varían mucho de una a otra hembra y es muy difícil predecirlos con seguridad, razón por la que resulta complicado el evitar que nuestra hembra se embarace; incluso si se la mantiene dentro de casa, los dueños deben ser muy cuidadosos, pues tanto ella como sus pretendientes buscarán el mínimo hueco para deslizarse por él y aparearse. La única manera de asegurarse de que la gata no resultará preñada es la esterilización antes de los seis meses de edad; ésta es una operación un poco más complicada que la de los machos pues requiere el abrir el abdomen; sin embargo, es también bastante segura y relativamente poco traumática para la gata, el riesgo general es mínimo. Generalmente la gatita se recupera en pocos días de esta operación aunque habrá que llevarla. con el cirujano para que remueva los puntos de sutura más o menos una semana después. En el caso de las hembras, debemos señalar que el embarazo y el parto representan un gran desgaste y afectan la salud de la gata. Existen estudios que demuestran que las gatitas que se han operado son más longevas que las que han tenido varias camadas.

Dejar al gato en la casa o en un "hotel"

Muchos dueños de gatos se preocupan por el hecho de viajar porque no saben qué hacer con su mascota. Desde luego, los gatos siempre se encontrarán más cómodos y seguros en su propia casa y los alrededores que les son conocidos. La situación ideal para el gato es que algún amigo o familiar venga a vivir en nuestra casa mientras estamos ausentes, de esta manera, no se altera su rutina de vida y aceptará con gusto una compañía humana, aunque no sea la nuestra, así que él estará perfectamente cómodo. Pero no siempre se tiene esta facilidad y lo más que se puede hacer es que alguien se encargue de venir diariamente a alimentar al gato y limpiar su arenero; esto puede funcionar bastante bien si el encargado no se ocupa solamente de su función práctica, sino que le dedica algún tiempo a la convivencia con el gato; si no es así, el gato se sentirá desconsolado y buscará la manera de salir a buscar compañía. Así que para la tranquilidad espiritual de los viajeros es más conveniente dejar al gato en un hotel especial para mascotas, donde por lo menos podemos estar seguros de que estará a salvo.

Si uno está dispuesto a pagar por ello, no es difícil encontrar un hospedaje adecuado para nuestra mascota; generalmente se hospedan gatos y perros indistintamente, pero los hay exclusivos para gatos; seguramente nuestro veterinario nos puede recomendar un lugar adecuado. Naturalmente, es una buena idea el visitar el sitio antes de decidirnos a dejar a nuestra mascota, así nos daremos cuenta de las condiciones en las que estará. Una gatera respetable no tendrá objeción alguna en que se le visite para revisar sus instalaciones y nos dará oportunidad para discutir algunas condiciones especiales de trato para nuestro gato. Desde luego se nos dirá que él estará a las mil maravillas; sin embargo, es conveniente comentar algunos puntos de interés durante nuestra inspección: el lugar deberá estar limpio y bien manejado; los lugares destinados a los gatos deberán estar separados de los perros; el alojamiento del gato deberá ser un lugar cálido y aceptablemente amplio, pero es indispensable que exista un espacio para ejercitación en donde pueda pasar algún tiempo diario; también debemos poner atención en los recipientes que se usan para la comida, bebida y los areneros, que deberán estar perfectamente limpios. En el invierno es importante asegurarnos de que existe un buen sistema de calefacción y si se trata del verano que exista una ventilación adecuada. Tal vez lo más importante es evaluar la actitud del personal hacia los gatos y si están dispuestos a considerarlos como individuos, atendiendo a sus particulares necesidades, el darle su comida favorita y aceptar que le proporcionemos su cobija y algunos de sus juguetes para que se sienta menos estresado. Algo que también debería darnos confianza es que para su hospedaje se nos exija el certificado de vacunación, lo que supondremos que se hace con todos los clientes y será un dato de seriedad y cuidado sanitario; además, nos deberán dar seguridad de que en caso de enfermedad o accidente, nuestro gato será atendido por un veterinario competente. Si un hotel de gatos cumple todos estos requisitos, lo más probable es que tenga mucha clientela, por lo que si nuestro viaje coincide con algún periodo vacacional, es conveniente reservar lugar con tiempo para no tener problemas.

Seguramente son los dueños quienes generan mayor ansiedad por la separación que el gato mismo; pero debemos decir que muchos gatos realmente entran en situación de estrés cuando se les deja en una gatera, sobre todo si ya son viejos. Muchos dueños de gatos que acostumbran viajar, entrenan a sus mascotas para aceptar esta condición de huéspedes temporales, llevándolos desde pequeños a un hotel aunque no sea necesario, solamente para establecer una pauta de resistencia ante estos desarraigos temporales;

así que aunque no les parezca muy divertido, se acostumbran a aceptarlo de buen grado, y regresan a casa muy contentos. Algunos gatos se rehusan a comer cuando son hospedados, lo que puede ser un problema durante unos días; pero normalmente el gato reasume su alimentación cuando se da cuenta de que no regresará a su casa de un momento a otro, aunque sus ayunos pueden causar pérdida de peso, que se habrá de recuperar fácilmente ya en casa. Sin embargo, si nos damos cuenta de que esta experiencia es verdaderamente traumática para nuestro gato, habrá que tomar otra alternativa en el futuro.

FUNCIONES VITALES DEL GATO

Los miembros de la familia felina son verdaderos carnívoros y en condiciones naturales tienen que cazar y devorar a su presa para sobrevivir, por lo que poseen una extraordinaria habilidad, lo que les permite perseguir y atrapar a su presa; son magníficos trepadores y pueden desarrollar una gran velocidad en un corto tiempo de aceleración.

Ojos

Los ancestros de los gatos domésticos y otros gatos salvajes de talla pequeña son depredadores naturales de pequeños roedores que deambulan por las noches, por lo que los ojos del gato han desarrollado un mecanismo de adaptación a la luz que les permite ver en la oscuridad, lo que es una evidente ventaja para la cacería; sus ojos son grandes y sus pupilas tienen un amplio espectro de dilatación, lo que permite el control de la entrada de luz hacia el nervio sensitivo que es la retina y que, como en todos los mamíferos, contiene células fotosensibles llamadas "bastones" y "conos". Las células en forma de bastón son sensibles a la luz de baja intensidad a causa de un pigmento llamado *rodospina* o *púrpura óptica*, que reacciona solamente ante la luz de baja intensidad, causando impulsos nerviosos que parten de las terminales ópticas y llegan al cerebro, en donde son interpretados para producir una reacción corporal. Las células en forma de conos son estimuladas solamente por los rayos de luz de alta intensidad, produciendo los mismos efectos neurológicos que las otras; estos conos son los responsables de la detección del color, pues contienen pigmentos que discriminan las diferentes longitudes de onda. Los ojos de los gatos contienen una gran proporción de bastones, a razón de 25 por cada cono. Algunos experimentos han demostrado que las células cónicas de los gatos son sensibles únicamente al color azul y verde, no tienen percepción del rojo. Al igual que muchos otros mamíferos, los ojos de los gatos poseen un recubrimiento llamado *tapetum lucidum*, que se encuentra detrás de la retina y hace las veces de filtro de luz, aumentando la intensidad de la visión para clarificar las imágenes en condiciones de baja intensidad de luz. Este recubrimiento puede ser visto cuando se proyecta una luz sobre los ojos del gato en la oscuridad, lo que da una tonalidad amarilla o rojiza. Si comparamos su visión con la humana, ellos tienen una pobre percepción diurna y su visión cromática es muy limitada. Los gatos detectan los objetos en movimiento mejor que los que se encuentran estáticos; sin embargo, en la penumbra la visión del gato excede con mucho a la humana, lo que en combinación con otras cualidades, lo convierte en un cazador muy eficiente.

Oídos

Las orejas del gato son relativamente largas y poseen una amplia gama de movimientos, lo que les permite "enfocar" los sonidos para descubrir su procedencia. Los gatos son capaces de percibir sonidos de alta frecuencia, en un rango de ultrasonido de 65 KHz. Sin embargo, los ruidos de baja frecuencia, inferiores a los 30 KHz no les son perceptibles. Cuando observamos con cuidado a un gato, nos damos cuenta de su gran habilidad para identificar la procedencia de un sonido, lo que seguramente representa una enorme ventaja para identificar y rastrear a su presa.

Olfato

En los gatos se ha desarrollado un sentido del olfato extremadamente fino, aunque a partir de un mecanismo común entre los mamíferos, que consiste en un par de órganos olfativos que se localizan cerca del paladar y que se conocen como *órganos de Jacobson*; aquí se concentra una gran cantidad de células que son sensitivas a la química de los olores y que al estimularse transmiten señales nerviosas hasta el cerebro. Frecuentemente veremos que nuestro gato "estornuda" y hace una mueca de disgusto, esta conducta le permite "purificar" su olfato para recibir nuevos estímulos, como haría un catador de vinos. En los gatos, la parte del cerebro dedicada a la interpretación de los olores es más grande que en otros mamíferos, lo que demuestra la importancia de este sentido en la vida del gato, tanto que se convierte casi en un lenguaje entre los propios gatos, pues ellos pueden interpretar mensajes a gran distancia, emitidos por otros gatos en un código de olores que ellos mismos producen, así que podría hablarse de una cierta "comunicación química" entre los gatos, lo que seguramente tiene un significado sexual o territorial.

Bigotes

Los gatos se encuentran bien dotados de bigotes, que se localizan en ambos lados de la nariz; se trata de cerdas largas, conectadas de manera individual con células muy sensitivas al tacto, por lo que el gato usa sus bigotes para "tocar" todo lo que se encuentra a su alrededor y le son particularmente importantes de noche. Los bigotes funcionan como antenas que le dan al gato información acerca de las dimensiones de los espacios y los objetos, también les permiten detectar las vibraciones producidas por otros animales que se mueven dentro del área. Los bigotes no son los únicos "sensores", en el frente de las patas delanteras poseen lo que se llama "cabellos carpales", que tiene las mismas funciones de los bigotes y completan la sensibilidad ambiental del gato.

Balance y equilibrio

Los gatos son muy ágiles en sus movimientos y su sentido del equilibrio está muy desarrollado; sus uñas les permiten un gran apoyo para saltar y usan la cola a manera de contrabalance para mantener siempre su punto de equilibrio. Los órganos de equilibrio, como en todos los mamíferos, se encuentran en el oído interno y se trata de pequeños canales semicirculares que contienen un líquido cuyo nivel proporciona al cerebro la información respecto de la posición del animal; en el caso del gato, el procesamiento de la información perceptual parece ser extremadamente rápido, lo que le permite esa reacción inmediata que todos hemos observado, las señales eléctricas llegan a los músculos con mucha velocidad, con lo que el gato actúa con rapidez y mantiene el equilibrio aun en situaciones muy difíciles, aunque es bien sabido que en algunas ocasiones los gatos tiene que ser rescatados de lugares altos porque parece que no dominan la situación; en estos casos el gato se paraliza por miedo. En algunas ocasiones, el gato falla al calcular la distancia de un salto o parece perder el equilibrio; en estas circunstancias el gato pone en acción un mecanismo de "corrección de reflejos", que le permite volver de inmediato a su posición sobre sus patas, es por eso que el gato cae siempre parado, sus movimientos en el aire son verdaderamente extraordinarios y el riesgo de lesiones por caídas es mínimo; tal vez por eso se dice que el gato tiene nueve vidas, pues puede salir ileso de situaciones en las que cualquier otro mamífero quedaría lesionado.

Dientes

Los gatos poseen una dentadura típicamente carnívora, diseñada para matar a la presa y devorarla íntegramente, sus largos y afilados colmillos "caninos" tienen la función de penetrar y desgarrar el cuello de la presa, estos colmillos son el arma principal del gato, tanto en la cacería como en la pelea. Sus dientes premolares y molares son llamados "carnisiales" y son muy eficientes para masticar, pues contienen filosas aristas que coinciden con los huecos de su "contra", además de que sus mandíbulas poseen un movimiento circular que les permite desgarrar con facilidad los tejidos de su presa. Los dientes más pequeños son los seis "incisivos" que se encuentran a los lados de los caninos y son usados para transportar a la presa; la madre los usa para cargar a sus cachorros.

CONDUCTA, LENGUAJE Y COMUNICACIÓN

Comparados con otros mamíferos, los gatos desarrollan una conducta muy amplia y variada, lo que incluye tanto sus movimientos corporales como la emisión de sonidos, que es uno de los principales sistemas que usa para comunicarse. Se han identificado dieciséis sonidos diferentes en el "vocabulario" del gato, que van desde el suave maullido para pedir comida o permiso de salir a pasear, hasta el violento aullido de la hembra en celo y los sonidos con los que responde el macho. La madre emite un sonido especial para estimular a los cachorros a mamar, y en el otro lado de la escala encontramos el impresionante "gruñido" del gato enojado. El "ronroneo" es el único sonido que emite el gato para manifestar placer; se produce por una presión muy rápida y continua del aliento sobre las cuerdas bucales, el gato lo hace con la boca cerrada y es correspondiente a su respiración. En realidad se trata de una conducta de origen neoténico o "infantil", pues los cachorros ronronean cuando maman de la madre, por lo que en los gatos es una expresión de máximo placer y seguridad; por el contrario, el maullido representa la petición de una satisfacción. Cuando la madre desea calmar a sus pequeños o invitarlos a dormir, también les ronronea para infundirles una sensación de bienestar. Cuando los cachorros se prenden a las tetas de su madre, extienden sus uñas como para asegurar su posición; esta conducta persiste en edad adulta, por lo que podemos observar que al ronronear el gato extiende sus uñas cuando es cargado y acariciado por sus dueños, lo que indica un intenso placer. Los gatos muy afectuosos "escurren", su cuerpo en las piernas de sus amos y ronronean al mismo tiempo, en procura de atención y como una manifestación de cariño; generalmente comienzan con una fuerte presión de la cabeza, pues ahí poseen glándulas odoríferas con las que "marcan" a las personas y las cosas que consideran su propiedad.

Lenguaje corporal

En el gato, el lenguaje corporal es un importante medio de comunicación. Un gato alerta, pero relajado, camina con su cola erecta y las orejas orientadas hacia los lados, esta posición significa un estado receptivo y dispuesto a la acción. Cuando se acerca su dueño, él tenderá a bajar la cabeza y alzar sus cuartos traseros, manteniendo la cola erecta, mientras comienza a ronronear, preparándose para el "escurrimiento" antes descrito; esta conducta expresa la satisfacción de recibir a su dueño. Cuando la cola se mueve de un lado a otro y se erige de manera muy rígida significa que el gato tiene miedo, lo que también se expresa con un gruñido sordo. El gato se asusta por la presencia de otro animal o persona que siente como potencialmente peligrosa; en esas condiciones el gato tensará todo su cuerpo y bajará su cabeza en actitud de asecho, sus pupilas se ensancharán y tenderá a bajar su punto de equilibrio, en previsión de un súbito escape. Si el extraño indeseable se acerca demasiado, el gato arquea su lomo, eriza su pelo y se percibe una mayor tensión de sus músculos, acompañando esta imagen corporal con un gruñido más fuerte y convincente, pues también mostrará sus colmillos, como para desanimar al posible atacante; la cola permanecerá completamente erecta durante todo el episodio de alarma; con todo ello, el gato está comunicando que se encuentra perfectamente preparado para la lucha y que es un enemigo peligroso; aunque en estas condiciones suelen alternarse conductas de sumisión, como para evaluar la actitud del extraño. Si sus intentos de pacificación no tienen éxito y el adversario se acerca, es muy probable que el gato ataque primero, sobre todo si considera que su escape es dificil.

En encuentros con otros gatos, las reacciones son muy variadas, dependiendo de la situación en que se encuentren y el temperamento de cada uno de ellos. Si ambos son gatos sin castrar, entrarán en una simulación de lucha parecida a la descrita arriba; pero en este caso se trata de establecer territorios y dominios. Esta conducta tiene sus rituales particulares, como el bajar su centro de equilibrio y su cabeza, lo mismo que la cola que permanece tensa, pero en una posición horizontal, generalmente por debajo de la línea de su lomo; en esta actitud ambos contrincantes se van acercando uno a otro, produciendo gruñidos que varían de intensidad, como para captar el grado de temor producido en el adversario. Durante este proceso, la cola puede subir hasta la posición vertical y después bajar súbitamente, lo que indica la inminencia del ataque; si uno de los dos se da por vencido lo indicará con una actitud de sumisión, que se manifiesta con un prudente movimiento de retirada, bajando la mirada y las orejas, lo que indica que rehusa la pelea y en cualquier momento se retirará del territorio del macho dominante.

La forma en que el gato se lame y acicala es otra manera de comunicar su estado de ánimo. Cuando se encuentra enojado o excitado, el gato se lame de una manera muy vigorosa, con movimientos muy rápidos, de una forma que parece obsesiva, se supone que ésta es una especie de "catarsis" felina, pues al lamerse de esa manera se quita de encima una emoción que le molesta y encuentra un estado de tranquilidad. Esta forma de lamerse contrasta con la que realiza normalmente, que es pausada y autocomplaciente, esto expresa que el gato se encuentra a gusto consigo mismo y el medio ambiente.

Los gatos pueden pasar rápidamente de una actitud de sumisión a otra defensiva; esto generalmente ocurre cuando el gato es tratado más como un juguete que como un animal que tiene su propia personalidad. Cuando es castigado, el gato se echa sobre su costado y muestra las uñas de sus patas delanteras como una forma de defensa; esta postura representa una actitud de defensa pasiva, y de hecho, es una forma de sumisión, que entre los gatos significa. que se está alerta, pero no se desea la lucha. Si el castigo incluye golpes directamente sobre el cuerpo del animal, éste pasará a una posición activa: se incorpora arqueando el lomo y muestra sus dientes antes de salir huyendo; tal parece que el gato nos está diciendo que ya nos estamos pasando del límite lógico del castigo y que él no está dispuesto a tolerarlo, por lo que el gato estará en condición de atacar incluso a su amo, si considera que su castigo es excesivo o injusto.

Conducta predatoria

En todos los felinos existe un instinto predatorio muy acendrado, por lo que el acto de asechar y cazar es una de las actividades principales del gato. Incluso después de miles de años de domesticación y convivencia con los humanos, los gatos necesitan cazar y sus presas naturales son los roedores y los pájaros, aunque también cazan peces en las aguas bajas, ranas, lagartijas, conejos pequeños e incluso algunos insectos, como tábanos y mariposas. Como la mayoría de los miembros de su especie, los gatos utilizan la sorpresa para cazar, permaneciendo al asecho en completa inmovilidad hasta que de pronto saltan sobre su presa, para prenderla con sus uñas y colmillos; en ellos despliegan una gran canacidad de concentración que pone en acción todas las partes de su cuerpo; su inmovilidad no es pasividad, sino que todos sus músculos se encuentran tensos en espera del salto predatorio, que es extremadamente eficaz, por lo que la presa es atrapada con las uñas de las patas delanteras y las mandíbulas. Como todos hemos observado, el gato no mata a su presa en el primer intento, sino que aparentemente "juega" con ella o la "tortura" antes de matarla y devorarla. Ésta es una de las conductas del gato que a mucha gente le disgusta, pues lo considera un acto de crueldad; pero siempre es un error juzgar las actitudes de los animales con criterios humanos; una posible explicación de esta conducta es que el gato acumula una gran cantidad de energía en el acto de la captura y requiere liberarla aunque haya conseguido fácilmente a su presa. También se asocia esta conducta con el hecho de que la madre captura pequeñas presas vivas y se las lleva a sus hijos para que vayan adquiriendo los hábitos del cazador por medio del juego, entre las seis y las diez semanas, los cachorros acompañan a la madre para verla cazar y aprender de ella. El jugar con la presa puede ser el remanente de una conducta infantil que permanece hasta la edad adulta. A pesar de su dotación instintual, los hijos de las gatas domésticas que no cazan ni juegan a cazar, no desarrollan por completo una conducta típicamente predatoria. Cuando el gato localiza una presa real o simbólica, como puede ser un juguete, normalmente la presenta ante su dueño como un trofeo de caza, esto señala la identificación que el gato hace entre su dueño y su madre, pues era ante ella que se presentaban las piezas de cacería durante sus juegos infantiles. Es necesario decir que es precisamente por esta dotación de instintos que el gato puede sobrevivir en condiciones de libertad; aunque los gatos domésticos que se pierden o escapan se encuentran en desventaja respecto de los que nacieron y viven en la calle. Un gato bien alimentado no necesita cazar para vivir y generalmente no ejerce su instinto sino como un juego, por lo que no es una transgresión el descondicionar una conducta que no le es útil y que incluso puede causar problemas de salud para el gato y crear focos de infección en la casa. Normalmente ya no se tiene un gato en la casa para que atrape ratones, sino para disfrutar de su compañía.

CORTEJO Y CONDUCTA SEXUAL

El gato macho

Los machos generalmente alcanzan la pubertad y comienzan su actividad sexual entre las nueve y doce semanas de edad, aunque no se trata de algo automático y algunos tardan mucho más, de cualquier manera, una vez que el gato alcanza la pubertad y no ha sido castrado, de inmediato comenzará buscar gatas sexualmente receptivas con el ánimo de aparearse, puesto que los machos no tienen periodos de celo. Cuando se trata de gatos de pedigree, que son destinados a la procreación, normalmente no se les cruza hasta que cumplen un año de edad, y el número de apareamientos durante el primer año no excede los cinco, continúa apareándose durante algún tiempo, pero generalmente se le "retira" del negocio a la edad de seis años.

Como ya se ha mencionado anteriormente, una vez que el gato ha llegado a la pubertad, comienza a rociar su orina por todos lados para marcar su territorio y afirmar su dominio. Durante los periodos de celo de las gatas, cuando se escucha el reclamo en el vecindario, el gato incrementará esa demarcación aromática de su territorio. La orina del gato contiene unas sustancias químicas conocidas como feromonas, que producen un estímulo sexual en las hembras, por lo que cuando ellas emiten su característico reclamo, los machos, cualquiera que sea su educación o rango social, irán a su encuentro y se liarán en cruentas batallas para mostrar a la hembra que cada uno de ellos es el mejor, pues es la hembra la que decide con quien aparearse. Los gatos esterilizados también pueden ser atraídos hacia los escenarios del amor y la lucha e incluso enfrascarse en la pelea, pues aunque no tengan una respuesta química, la parte psicológica del instinto sigue intacta. Cualquier gato puede verse envuelto en peleas de vez en cuando; pero para los gatos sin castrar es parte de la cotidianidad y sus batallas son más que un mero ritual, así que pueden sufrir serias lesiones, por lo que a través de los años normalmente adquieren alguna incapacidad a causa de los daños a los que se exponen.

Por supuesto, en el caso de los gatos de pedigree, las cruzas son planeadas y el proceso es muy "civilizado", puesto que no hay rivales para competir. Cuando se tienen gatos sin esterilizar como mascotas, es común que éstos vivan en condiciones de cierta libertad; en garajes o gateras construidas exprofeso en el jardín, de manera que ellos identifican estos espacios abiertos como su territorio y no impregnan la casa con sus olores; sin embargo, en estas condiciones, el gato se encuentra más expuesto a infecciones, y en especial a una que se denomina "cola de granja" y que consiste en una indeseable acumulación de grasa a lo largo de la cola, lo que puede combatirse con lavados de una solución especial.

Cuando se desea que el gato se cruce, se debe traer a la hembra elegida al propio territorio del macho y esperar que las cosas sucedan, pues no siempre la hembra está dispuesta a copular con un macho que ella no eligió; por lo que habrá que intentarlo con otra o con la misma en otra ocasión; desde luego, esta clase de convivencia con el gato tiene otras motivaciones, ya sea la comercialización de los críos o el obtener especímenes de gran estampa para las exhibiciones, por lo que no se trata de mascotas en el sentido común de la palabra.

La hembra

Las gatitas alcanzan la pubertad entre los seis y los diez meses de edad, lo que también es muy variable, pues depende de muchos factores, incluyendo el clima, pues si la hembra cumple la edad pronosticada en el invierno, lo más probable es que se retrase su maduración hasta la primavera siguiente. Al entrar en pubertad, la gatita se encuentra sexualmente activa y habilitada para la gestación, presentándose sus primeros periodos de celo que se van ajustando hasta que van sucediendo en forma estacional, o sea, en las épocas que es más viable el embarazo, que son los meses que correspondan en cada país a la primavera y el verano. En los meses fríos, generalmente se suspenden los ciclos de celo de las hembras, pues la naturaleza prevé que un alumbramiento en pleno invierno es peligroso para la madre y las crías, aunque esto no es un patrón absoluto, sino relativo al ecosistema y a las características particulares de la hembra; sin embargo, en general, en el otoño e invierno disminuyen considerablemente los periodos de celo. Una hembra es capaz de embarazarse incluso antes de alcanzar su madurez, lo que no es conveniente pues representa un gran desgaste físico para la joven madre, pues tiene que generar la energía necesaria para su propio crecimiento además de la que se necesita para la gestación; aunque pudiera ser alimentada muy bien, es muy probable que la joven madre se vea afectada en su desarrollo, no llegue a alcanzar su talla normal y su salud sea débil en adelante, por lo que es necesario evitar que la hembra demasiado joven se aparee, lo que obliga a mantenerla confinada o darle un tratamiento a base de hormonas para suspender su ovulación hasta que se encuentre completamente desarrollada; este tratamiento deberá ser supervisado por un veterinario y generalmente consiste en administrarle ciertas dosis de hormonas llamadas "progesteronas", que se le pueden administrar en tabletas o inyectadas. Por supuesto, si no se trata de una animal destinado a la cría, lo mejor es que se le esterilice a la edad de seis meses. El tratamiento de hormonas es conveniente para retardar los ciclos de ovulación en las gatas de pedigree y se administran hasta que la gata está completamente desarrollada, puesto que también un embarazo prematuro puede dar lugar a crías inadecuadas, además de que con este método los dueños se ahorran las molestias de los fuertes aullidos de reclamo sexual que tendrían que soportar si la gata se encuentra en celo. Entre los criadores expertos se considera que una hembra no debe cruzarse antes de los diez meses de edad, y de preferencia, hasta el año. En caso de haber seguido un tratamiento hormonal, la gata requiere de un periodo de abstinencia después de haber suspendido el tratamiento; generalmente, su primera ovulación normal ocurre a los tres meses de suspendido el tratamiento, los criadores prefieren esperar hasta el segundo periodo de celo para cruzar a su hembra.

El celo normalmente dura de uno a tres días, pero en algunos casos se alarga hasta los diez días; si la gata no se aparea, es posible que se inicie un nuevo ciclo dos semanas después; aunque esto es variable. En algunas hembras los ciclos pueden presentarse al azar si la gata no se aparea, con lo que se propicia la creación de quistes en los ovarios que pueden producir la esterilidad, porque se rompe el balance hormonal. Durante los periodos de celo, la conducta de las gatas varía sensiblemente, se vuelve más afectuosa que de costumbre, insistiendo en que se le preste atención y se la acaricie frecuentemente, en el momento más "alto" del celo la gata buscará desesperadamente la manera de salir a la calle y, especialmente en las noches, comenzará a emitir sus aullidos de reclamo sexual; éste es un aullido fuerte en todas las razas, pero de manera especial en las gatas siamesas; se considera que ésta es la raza más comunicativa.

En estado de celo, la vulva, que es la parte externa del tracto genital, se alarga y amplía, de modo que en estas condiciones se la puede ver, mientras que en la normalidad permanece oculta por el pelo. También se presenta una secreción mucosa, pero es removida constantemente por la propia gata, por lo que no se detecta fácilmente.

Si una hembra sin esterilizar es dejada en libertad, con seguridad realizará el acto sexual con varios machos del vecindario, generando un gran escándalo tanto con sus llamados como por las peleas subsecuentes. La liberación de los óvulos ocurre como respuesta al apareo, por lo que es perfectamente posible que una camada proceda de más de un padre; a esto se le conoce como "superfecundación" y ocurre constantemente entre los gatos callejeros. La conducta asociada al celo se extingue rápidamente una vez que la gata se ha apareado y casi en todos los casos se produce el embarazo; aunque es posible interrumpir este embarazo si se administra una inyección de hormonas estrógenas, lo que debe ser aplicado por un veterinario dentro de las cuarenta horas posteriores al acoplamiento, pues si se deja pasar más tiempo puede ser peligroso. Este procedimiento se realiza normalmente con gatas de pedigree que se han apareado con machos indeseables.

Los dueños de gatitas destinadas a la cría deben ser cuidadosos con sus animales y seguir los procedimientos correctos para su apareamiento con los machos elegidos, llevando a la hembra al territorio del macho al iniciarse su periodo de celo; pero no se les deja libres desde el principio, sino que se les "presenta" a través de una reja, pues de otra manera aumentan las probabilidades de que la hembra lo rechace, pues se encuentra angustiada e incómoda por no estar en su casa. Después de un par de días y considerando que el periodo de celo va alcanzando su máxima intensidad, se permite que los gatos se encuentren, pues la hembra se encuentra más tranquila y excitada, por lo que el acoplamiento generalmente ocurre sin problemas; pero es conveniente permitir que se repita varias veces para aumentar las probabilidades de embarazo y que esos intentos se realicen lo más rápido posible, pues, como ya se dijo antes, el celo de la gata decrece desde el primer acoplamiento. Una vez devuelta a su casa, la gatita deberá permanecer confinada un par de días más para evitar que pudiera cruzarse con un gato callejero y producirse un embarazo alternativo. Ocasionalmente, las gatitas pueden generar tal angustia al ser separadas de su casa y llevadas a la presencia de un macho que se suspende su celo y simplemente rechaza al macho, además de que el acoplamiento puede ser ineficaz por otras razones, por lo que generalmente se acepta una segunda visita sin costo para remediar la situación.

Es común que se produzca una ruidosa interacción antes de que suceda el acoplamiento, lo que es parte de un ritual erótico y no hay que intervenir en él, cuando termina esta primera fase, la hembra bajará la cabeza en señal de asentimiento y alzará sus cuartos traseros, el gato se coloca detrás, la monta y la sostiene fuertemente con las patas delanteras, asiéndola con sus dientes del cuello para evitar que se le escape; el gato la penetra con su pene que posee unos filamentos que al moverse dentro del tracto vaginal sobrestimulan al macho y se produce la eyaculación, se cree que esos mismo filamentos producen una gran estimulación en la hembra. Estos filamentos se degeneran en los machos que han sido castrados, debido a que pierden su función. En algunos gatos adultos, pero no en todos, se desarrolla un pequeño hueso dentro del pene, lo que le da una gran dureza durante el acoplamiento; a este extraño hueso se le llama *os penis* y tiene un medio centímetro de largo; se forma por la calcificación (osificación) del tejido interior del pene. Este hueso se presenta con más frecuencia entre los perros y se considera que es un proceso adaptativo de ellos, pues su apareamiento es mucho más prolongado que el de los gatos, por lo que un elemento rígido en su pene resulta muy conveniente. A pesar de que este hueso no es un elemento necesario en los gatos, representa una ventaja reproductiva para los machos que lo poseen. El apareo es muy rápido entre los gatos; al terminar, se separan de inmediato y comienzan a lamerse sus genitales; las hembras suelen mostrarse muy agresivas con el macho después de ser montadas, le muestran sus dientes y sus uñas en señal de que prefieren que él ya no se encuentre ahí.

Pseudoembarazo

Ocasionalmente, después del celo, la hembra que no ha sido preñada se siente como si lo estuviera y desarrolla todas las señales y síntomas del embarazo, incluso crecimiento del vientre, aunque no existan embriones creciendo ahí; también se presenta la activación de las glándulas mamarias y producción de leche. Después de un tiempo, la gata buscará un lugar tranquilo y llevará ahí algún material para elaborar su "nido", como si estuviera en el último periodo de embarazo. Pasado algún tiempo, la gata se convence de que no ha sido madre y los cambios físicos y conductuales desaparecen. El embarazo "fantasma" o pseudoembarazo es más raro en los gatos que en los perros, pero es frecuente que los humanos produzcan artificialmente este fenómeno en las gatas, pues después de varios días de insistentes y lastimeros aullidos de una gata encerrada, los dueños proceden a "aliviar" a su gatita, estimulando manualmente sus genitales, o con ayuda de un lubricante simulan el apareamiento usando un pequeño tubo mientras otra persona la sostiene del cuello, como hace el gato macho, con lo que el acto tiene todas las características del verdadero. El efecto de esta manipulación es la real ovulación en la hembra y la rápida cesación del celo, con lo que se consigue el objetivo deseado, o sea, que la gatita, en términos neurológicos y psicológicos se encuentra preñada. Algunos criadores de gatos emplean los servicios de un macho al que se ha hecho la vasectomía para producir ese fenómeno en sus hembras, lo que resulta mucho más eficaz que la manipulación humana.

El pseudoembarazo normalmente dura cinco o seis semanas, después de las cuales la hembra vuelve a sus periodos de celo normales. En el caso de los criadores profesionales, este procedimiento les ayuda a mantener a su hembra en un estado de satisfacción mientras llega el momento adecuado para su inseminación verdadera. No se trata de un procedimiento del todo ético, pero es preferible a la frustración que sufre la gatita cuando no es conveniente permitir que se cruce.

Embarazo

La consecuencia normal del apareo es la ovulación, fertilización de los óvulos por la esperma de uno o más gatos e implantación de los embriones en la matriz, con lo que ya tenemos un cuadro de embarazo. Los óvulos son desplazados de los ovarios y fertilizados en lo alto de los oviductos (en términos humanos, las *trompas de falopio*). Los oviductos son un par de canales muy delgados que conectan cada ovario con la matriz. Los óvulos viajan a través de estos ductos y ya fertilizados se implantan en la matriz o útero, cuyo tejido es muy rugoso y posee dos "brazos" o "trompas" donde se instalan los embriones a intervalos regulares; desde ese momento se empieza a producir la "placenta", que será el alimento de los fetos, recibiendo el oxígeno y los nutrientes de la sangre de la madre, pero la sangre de la madre y la de los fetos en desarrollo circula por separado y cada feto crece en una bolsa llena de fluido amniótico y se conecta con la placenta por medio de un cordón umbilical. En el caso de los gatos, el periodo de gestación es de 63 a 65 días, pero también existen variaciones en este proceso, por lo que el alumbramiento puede ocurrir unos días antes o después de lo esperado. En sus primeras fases, el embarazo puede ser difícil de diagnosticar; sólo después de tres semanas a partir de la concepción se pueden percibir alguna señales, como el cambio de pigmentación de los pezones, que se van poniendo rosados y con frecuencia aumentan de tamaño. A las cinco semanas, una persona experta puede sentir los fetos en el interior del abdomen de la gata, en esta fase se sienten apenas como pequeñas protuberancias y son muy delicados, por lo que el tacto no se debe intentar si no se tiene la experiencia para hacerlo. De las seis semanas en adelante los fetos crecen muy rápidamente y el vientre de la madre crece notoriamente, por lo que ya no hay duda. Durante las últimas etapas del embarazo, de siete a nueve semanas, es posible sentir el movimiento de los bebés, especialmente cuando la madre se encuentra relajada y recostada de lado.

Una pequeña proporción de hembras preñadas (alrededor de un diez por ciento) continúan teniendo ciclos de celo durante el embarazo, esto se debe a deficiencias en la producción de progesterona, que es un proceso natural en el embarazo y que inhibe los ciclos sexuales. En estas condiciones no debe permitirse que la hembra circule en libertad, pues ésta puede copular y producirse un nuevo embarazo sobre el que ya tiene, con dos camadas en diferentes estados de maduración, condición esta conocida como "superfertilización". Cuando esto sucede, la gata entrará en trabajo de parto cuando la primera camada se encuentra ya madura y al mismo tiempo expulsará los fetos inmaduros que, obviamente, no son aptos para sobrevivir; aunque en raras ocasiones, los fetos inmaduros permanecen y continúan su desarrollo hasta que llega el tiempo de su nacimiento.

Durante las seis primeras semanas de embarazo, la gata debe recibir su ración normal de alimento y no hay necesidad de agregar vitaminas o minerales suplementarios si ella está consumiendo una dieta bien balanceada; pero durante el último mes de embarazo, cuando ya se le nota el aumento del vientre, aumenta el apetito de la gata y es necesario darle una ración suplementaria, que va incrementándose desde una mitad extra hasta el doble en los últimos días. La estrategia de alimentación también debe cambiar, ofreciéndole las cantidades señaladas pero en varias sesiones de comida durante el día, de esta manera se reduce la presión que un estómago lleno ejerce sobre el útero. Al alimentarse "poco y seguido", es mayor el aprovechamiento de los nutrientes y se mantiene constante el nivel de energía.

No es necesario tratar de reducir el tipo e intensidad de actividad de la gata, puesto que el ejercicio es bueno para ella en sus primeras etapas del embarazo y sus músculos se mantienen en buen tono. En el último mes, el incremento de peso y la distensión abdominal harán que la madre disminuya sus actividades demasiado bruscas y se pase la mayor parte del tiempo descansando; lo que sí es necesario tomar en cuenta es que durante el embarazo hay que tener cuidado al manipular a la gata, especialmente al cargarla, por la obvia razón de que podemos lastimar a los fetos que se encuentran en su abdomen, cuando se la tenga que cargar deberá asirse con la mano colocada entre las axilas y permitiendo que el peso descanse sobre todo el brazo, procurando crear un hueco para que el abdomen reciba la menor presión posible.

Preparación del parto

Lo más importante para preparar el advenimiento de los pequeños es proporcionar a la gata un rincón cálido, seguro y confortable en el que se sienta a gusto para el alumbramiento. Este espacio se debe acondicionar cuando sea notorio —normalmente dos semanas antes del parto— que la gata se encuentra inquieta y ya busca un lugar donde hacer su nido. Un lugar adecuado y que será muy apreciado por la gata es una caja de cartón donde ella tenga la suficiente amplitud y privacía. Se cancelan las "pestañas" de la caja con cinta adhesiva, con lo cual la caja queda hermética, por uno de los lados se abre una puerta por la que la gata pueda entrar, pero lo suficientemente estrecha para que se sienta protegida en el interior; esta puerta debe estar a unos quince centímetros de altura con respecto del piso, de manera que los gatitos recién nacidos no podrán resbalar hacia fuera ni podrán deambular lejos de su madre

Una caja ideal para gatitos

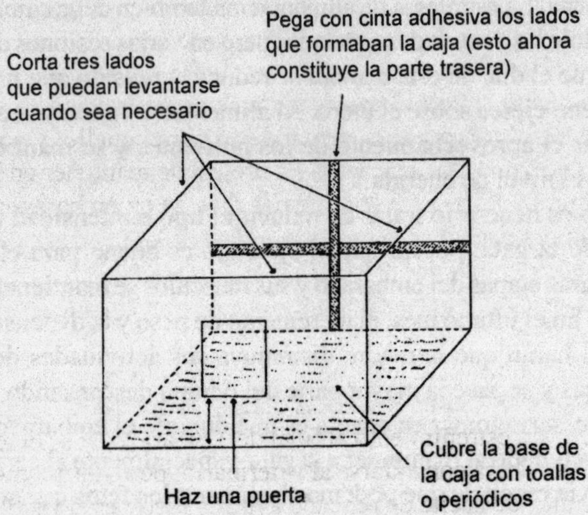

mientras son demasiado pequeños; el piso de esta "madriguera" deberá estar bien provisto de una capa de papel periódico que la madre puede rasgar para fabricar un nido a su gusto, el periódico tiene la ventaja de que puede removerse y remplazarse durante o después del parto para mantener las mejores condiciones de limpieza; es preferible no colocar una toalla o trozo de alfombra, pues en principio no es lo ideal para el instinto de la gata, además de que los gatitos podrían perderse entre las arrugas de ese material y no ser advertidos por la madre. Desde luego, el techo de la caja será removible para que de tiempo en tiempo podamos observar con discreción el desarrollo del parto y el cuidado posterior. La caja madriguera deberá ser colocada en un lugar tranquilo de la casa, lejos de los lugares de mayor actividad familiar. Lo más probable es que la gata acepte este generoso obsequio de sus dueños, aunque debemos decir que las gatas tienen sus propias ideas respecto del lugar para su alumbramiento y puede preferir un lugar diferente; también es normal que la gata haya elegido previamente varios lugares alternativos para dar a luz y haga su elección final hasta el último momento, cuando se inicia el trabajo de parto. A pesar de todas nuestras precauciones la gata puede parir en un lugar que nos parece inadecuado, como en el jardín o en el garaje. Se dan casos de hembras que regresan después de varios días, delgadas y hambrientas, porque han parido en algún lugar alejado de casa. Normalmente, en estos casos, ella misma irá trayendo a sus crías hasta la casa uno por uno, cargándolos por el cuello, y no se olvidará de ninguno que esté vivo. Es preferible mantener en la casa a la gata preñada durante los últimos días de su embarazo; aunque esto pudiera generar una gran tensión en la gata que está acostumbrada a deambular en libertad.

Durante el último mes de embarazo, es conveniente desparasitar a la futura madre; se deberá consultar a un veterinario respecto del producto a usar y la dosis adecuada, considerando que el tratamiento deberá incluir otra dosis durante la lactancia. Algunas gatas sufren de estreñimiento al final del embarazo, si se detecta esta situación deberá consultarse al veterinario; pero normalmente una cucharadita de aceite de pescado ayuda a resolver el problema. Es necesario que al tiempo del alumbramiento el tracto rectal se encuentre libre de grumos grandes y duros, pues eso reduce el canal de tránsito de los fetos y dificulta su nacimiento.

Si la gata es de pelo largo, es aconsejable cortar el pelo alrededor de sus pezones y su vulva, desde luego, con mucho cuidado y usando unas tijeras de puntas redondas; pero si la gata se muestra muy nerviosa y enojada es preferible no hacerlo.

En la mayoría de las gatas se realiza el trabajo de parto de forma natural y no se requiere la intervención humana, sin embargo, es conveniente estar preparados con algunos implementos, por si acaso:

1 Tener a la mano algunas toallas pequeñas, por si hay que tirar de alguno de los gatitos o secarlos.

2 Unas tijeras e hilo fuerte, ambas cosas debidamente esterilizadas en agua hirviendo o en una solución apropiada; aunque es raro, pudiera ser necesario ayudar a la gata con el corte y sutura del cordón umbilical.

3 Una botella de agua caliente, que pudiera funcionar como madre sustituta en caso de que el parto de los hermanitos se tarde demasiado.

Estos elementos deberán ser colocados cerca del lugar de parto por si tenemos que usarlos de inmediato, aunque normalmente no será necesario.

Labor de parto

Durante las horas anteriores al inicio de la labor de parto, la gata parece muy nerviosa, entra y sale de la caja o el lugar que ha elegido para el alumbramiento, y reacomoda constantemente los elementos del nido mientras ronronea con fuerza; va a comer o tomar agua en pequeñas cantidades y visita con frecuencia su arenero. Cuando entra en la primera etapa de la labor, la temperatura de su cuerpo desciende aproximadamente un grado centígrado y la vulva se expande. Cuando se aproxima la segunda etapa del trabajo de parto, la gata comienza a maullar y ronronear alternativamente. Durante la segunda etapa se producen fuertes contracciones abdominales, lo que indica que el primero de los fetos avanza por el tracto uterino, en este momento la gata lame vigorosamente su vagina y maúlla nerviosamente. En estos momentos ella se sentirá reconfortada si sus dueños le hablan y la acarician con suavidad. La posición normal de las gatas para dar a luz es yaciendo de lado, pero si se dificulta el alumbramiento la gata se colocará de espaldas; generalmente el primer gatito aparece unos treinta minutos después de iniciada la segunda etapa del trabajo de parto; aparece envuelto en restos de la membrana del fluido amniótico, pues el saco se ha roto en el esfuerzo de expulsión, por lo que el nacimiento es precedido por una secreción de líquido transparente. Algunas veces el saco aparece intacto, con el feto adentro, cuando aparece en la vulva; la gata sigue lamiéndose vigorosamente y con ello rompe el saco y libera al gatito, al salir completamente, la madre lo limpia lamiendo todo su cuerpo, con lo que lo estimula a respirar por sí mismo, lo que se percibe como un débil maullido parecido al llanto; en esos momentos la gata muerde y rompe el cordón umbilical que todavía se encuentra conectado a la placenta dentro de su cuerpo; al limpiar a sus bebés, la madre también remueve los restos de membrana que se encuentran adheridos a su cuerpo. La mayoría de los gatitos nacen con la cabeza de frente (cerca del 66 por ciento), con el resto de su cuerpo encogido en posición fetal, pero algunos pueden venir al revés, lo que dificulta el parto y es riesgoso para los bebés. Una vez que han sido expulsados todos los gatitos, las contracciones continúan unos cinco minutos, lo que significa la entrada en la tercera etapa de parto, en la que se expulsa la placenta, lo que normalmente sucede con rapidez y aparentemente no causa dolor. La placenta es de un color café oscuro y una consistencia similar a la de un trozo de hígado; junto con ella saldrá una cierta cantidad de líquido sanguinoliento. No es conveniente retirar la placenta o secar los líquidos porque es parte del instinto de la madre el ingerirlos y en ellos se contienen hormonas que estimulan la producción de leche. En estado salvaje, esta conducta también tiene la finalidad de eliminar todo resto de sustancias que pudieran atraer a los depredadores, además de que provee a la madre de una buena dosis de proteína que podrá mantenerla saludable durante el tiempo en que no podrá ir a cazar. En condiciones de vida doméstica, la gata será alimentada regularmente, por lo que la ingestión de todo el material arrojado en el parto no sería necesaria, por lo que no es una transgresión el ayudar a la limpieza, sin eliminar del todo aquello que la madre debe hacer por naturaleza.

El tiempo que tarda el nacimiento de todos los gatitos puede variar entre una y tres horas; un tiempo mayor puede considerarse anormal, aunque en algunas gatas es normal que se produzca un periodo de espera entre el nacimiento de uno o dos gatitos y el resto de ellos, en algunos casos esta pausa puede durar hasta doce horas; entre uno y otro nacimiento también se da un periodo de espera en el que cesan las contracciones, lo que da tiempo a la madre para limpiar y animar al recién nacido en forma individual y acercarlo hacia sus tetas. Sin embargo, no es raro que todos los gatitos nazcan en sucesión inmediata y la placenta sea expelida algún tiempo después; en caso de que no salga la placenta es necesario llamar a un veterinario, pues de no ser así, el riesgo es muy grande para la madre; obviamente no será posible darnos cuenta de esto si no se observa el proceso completo, y no dejamos sola a la madre hasta que estamos seguros de que todo se ha cumplido satisfactoriamente.

Una vez que han nacido todos los gatitos y han sido lavados por la madre, ésta los anima a pegarse a sus pezones y comenzar a mamar. Algunas gatas van colocando a sus gatitos conforme van naciendo, pero otras prefieren esperar a que se junte la familia completa para alimentarlos a todos. Muchos gatitos continúan alimentándose a la largo de una o dos horas; es necesario que el gatito aprenda a mamar durante sus primeras doce horas de vida, de no ser así, sus probabilidades de supervivencia son muy escasas. Una vez que los gatitos se encuentran instalados en las tetas de la madre, es conveniente ofrecer a la madre un tazón de leche o agua en su misma cama. También se le puede llevar algo de comida, aunque es probable que la rechace, pues ha comido la placenta y se encuentra satisfecha. Parte del periódico que ha sido manchado puede ser removido, pero sin molestar a la gata o a su prole.

Intervenir o llamar a un veterinario

En la gran mayoría de los casos, la gata parturienta maneja perfectamente la situación; si es evidente que todo va bien es mejor dejarla tranquila, aunque mantenerla bajo observación, o ayudar en lo que no altere el proceso natural. Sin embargo, pueden suscitarse problemas en los que podemos auxiliar a la gata, pero siempre se nos presentará la disyuntiva entre hacerlo nosotros o llamar a un veterinario. El propio dueño puede intervenir en las siguientes circunstancias:

1 El bebé se encuentra en una de las posiciones normales y una parte de su cuerpo se encuentra afuera, pero se han suspendido las contracciones de la madre, por lo que el cachorro está "atorado". En estas circunstancias debemos lavarnos perfectamente las manos, después limpiar con mucho cuidado usando una toalla pequeña la parte expuesta del cachorro, después habremos de empujarlo un poco hacia adentro (no más de un centímetro), esperando que se produzca una nueva contracción, si tal cosa

no sucede deberemos jalarlo con mucho cuidado para expulsarlo completamente; es necesario tirar con mucha lentitud y mover al bebé ligeramente de un lado a otro, como si lo estuviéramos despegando, si se reanudan las contracciones pero el cachorro no es expulsado tendremos que seguir el ritmo de las contracciones al tirar de él.

El bebé nace completamente encerrado en su bolsa llena de fluido amniótico y la gata no acierta a liberarlo de esa envoltura y cortar el cordón umbilical. Igualmente debemos lavarnos perfectamente las manos y tratar de romper la delgada membrana con las uñas; en caso de que encuentre mucha resistencia, podrá cortarse con unas tijeras previamente esterilizadas, de preferencia cerca de la boca del animal, para permitirle comenzar a respirar; el resto de la membrana deberá ser removido con cuidado del cuerpo del gatito; posteriormente habremos de suturar el cordón umbilical con hilo estéril a una distancia de aproximadamente cinco centímetros del cuerpo del bebé; una vez hecho esto procederemos a cortar el cordón del otro lado del nudo, hacia el cuerpo de la gata. Ya liberado el bebé habrá que limpiarlo con una toalla, frotándolo con cuidado para estimularlo a respirar, en caso de que no lo haya hecho previamente; en esta operación se deberá tener cuidado en limpiar perfectamente la nariz y la boca del animal, para remover los restos de membrana que pudieran estar tapando sus conductos respiratorios.

En el caso de que uno de los gatitos que han sido atendidos por la madre permanezca sin comenzar a respirar, lo más probable es que no sea apto para sobrevivir; sin embargo, queda un último recurso: envolverlo en una toalla y moverlo con rapidez hacia arriba y abajo, lo que pudiera remover el líquido amniótico o restos de membrana que probablemente estén causando una oclusión en sus vías respiratorias; si esto no da resultado podemos abrir un poco su boca para propiciar la respiración; si el bebé es vitalizado habrá que devolverlo de inmediato a su madre.

En los casos que se describen a continuación es necesaria la intervención de un veterinario:

1 La gata se encuentra desde hace una hora en trabajo de parto y se producen fuertes contracciones pero no aparece ningún cachorro. En este caso, podemos suponer que el primero de los bebés se encuentra en una posición inadecuada y no permite su salida y la de los demás; tal vez se trata de un bebé deforme o exageradamente grande. Ocasionalmente, dos gatitos luchan por el privilegio de nacer primero y se atoran en el camino; en otros casos la madre tiene una malformación en la pelvis que no había sido diagnosticada previamente.

2 Uno o más gatitos han nacido y suponemos que faltan otros por nacer, pero las contracciones han cesado. Esta situación se conoce como inertia uterina rina y se resuelve con una inyección que restablece las contracciones; si esto no da resultado será necesaria una operación cesárea (A-Z, p. 116).

3 Un gatito quedó atorado con parte de su cuerpo afuera y nuestros esfuerzos por liberarlo han sido infructuosos.

En estos tres casos lo más probable es que se tenga que proceder a una cesárea bajo anestesia general, por lo que lo más conveniente es llevar a la gata al consultorio del veterinario para que se cuente con lo necesario, pues el tratamiento puede incluir fármacos y antibióticos, además de las instalaciones adecuadas.

4 Un cuarto caso es cuando sospechamos que la placenta, o parte de ella, no ha sido expulsada, lo que es un riesgo bastante serio, como ya se ha comentado antes.

En caso de que el parto haya resultado conflictivo o alguno de los bebés parezca tener alguna anormalidad física o dificultades para alimentarse, es conveniente consultar al veterinario respecto de sus probabilidades de supervivencia y de la calidad de su vida futura. En algunos casos es preferible sacrificar a una cría a tener un individuo con una vida miserable.

La madre deberá ser observada muy de cerca durante unos días después del alumbramiento para asegurarse de que se encuentra bien; desde luego permanecerá pasiva, pero si se muestra apática en el cuidado de sus cachorros o rechaza la comida, deberá ser auscultada por un veterinario lo más pronto posible. Sobre todo si percibimos un mal olor en su madriguera o flujo vaginal fétido, eso indicará la existencia de una infección interna que deberá ser tratada de inmediato. Si algo similar se percibe antes del alumbramiento, lo más probable es que uno de los fetos haya muerto y se encuentre en estado de descomposición dentro de la madre. Si sucede después del parto puede ser lo mismo, o bien que parte de la placenta no fue expulsada; en todo caso una infección de este tipo es de consecuencias fatales, por lo que debemos considerarlo un caso de urgencia en el que la gata necesitará ser tratada con antibióticos y probablemente cirugía. Un flujo vaginal rojizo, pero sin mal olor, es normal si se produce durante dos o tres semanas después del parto y ella misma se encargará de limpiarse, por lo que no es motivo de preocupación. Sin embargo, si durante el embarazo o después del parto se presenta un evidente flujo de sangre por la vagina, habrá que consultar al veterinario.

Cuidado de la madre y los cachorros

Si el alumbramiento ha sucedido sin contratiempos, que es el caso normal, es poco lo que podemos o debemos hacer durante las tres primeras semanas. La mayoría de las gatas son excelentes madres y cuidan con esmero a sus hijos. En sus primeros días, los cachorros dividen su tiempo en dos grandes rubros: comer y dormir. Es particularmente importante que ellos reciban una dosis generosa de su primera leche, llamada calostro durante sus primeras 48 horas de vida; ésta es una leche enriquecida que contiene los principales anticuerpos para dotar a los bebés de una resistencia básica a las infecciones y es producida por la gata solamente durante los dos primeros días, de manera que el grado de fortaleza de los gatitos y su capacidad para desarrollar sus propios anticuerpos dependerá, en gran medida, de la cantidad de calostro que hayan recibido en esta primera etapa de su vida, y por otro lado, de las condiciones de salud de la madre. Algunos veterinarios recomiendan administrar a la gata una dosis de vacuna especial durante el último mes de embarazo con el fin de aumentar sus defensas; en estos casos se usa una vacuna considerada inactiva, pero que ayuda a estimular la producción de anticuerpos en el sistema inmunológico de la madre sin alterar el desarrollo de los fetos.

Los pequeños nacen ciegos y parecen demasiado indefensos; sin embargo, están "programados" para localizar las tetas de su madre y mamar de ellas, aunque es frecuente que uno o dos sean más pequeños y torpes que sus hermanos. Es común que los que nacen primero sean los más grandes y vigorosos, por lo que rápidamente se convierten en dominantes, instalándose en los pezones más productivos, mientras que los más pequeños tienen que conformarse con una fuente de alimento menos generosa. Desde luego, la cosa debería ser al revés, pero esa no es la lógica de la naturaleza, por lo que las muertes durante este primer periodo de vida suceden por efecto de la malnutrición, dado que las tetas traseras producen más leche que las delanteras, así que los gatitos más listos y fuertes se posesionarán de los cuartos traseros de su madre, mientras que los débiles se instalarán en la parte delantera. Puesto que la madre acepta cualquier posición de su hijos, es perfectamente aceptable intervenir en esta injusta repartición de la riqueza, intercambiando a los gatitos de vez en cuando para que los débiles se alimenten mejor y la camada crezca al parejo. Fácilmente nos podemos dar cuenta de cuando un gatito no encuentra una fuente de alimento satisfactoria, pues llora constantemente y no se desarrolla al mismo grado que sus hermanos. El crecimiento normal es de 10 a 15 gramos diarios, o de 80 a 100 gramos por semana; si algunos de los gatitos permanecen raquíticos a pesar de que se ha "rotado" en las tetas de su madre, sería conveniente consultar al veterinario para proporcionarles elementos nutricionales especiales.

Durante los primeros dos días, coincidiendo con el periodo en el que se produce el calostro, la gata no dejará a sus bebés ni un minuto; pero es conveniente animarla a salir un poco para comer y usar su arenero, tiempo que se puede aprovechar para cambiar el papel del nido.

La gata madre, durante las primeras semanas, ocupa mucho tiempo en lamer a sus hijos; al hacerlo debajo de la cola estimula la evacuación y ella ingiere las haces de sus hijos para mantener el espacio limpio y libre de olores; durante este periodo existe una gran comunicación entre la gata y sus hijos, por medio de un lenguaje muy refinado, a base de diferentes tipos de ronroneos y maullidos. Los cachorritos chillan con fuerza cuando la madre está ausente, aunque sea por un corto periodo de tiempo y se trepan unos a otros como buscando una posición más ventajosa cuando llegue la madre.

La gata debe ser observada en busca de signos de "mastitis" (A-Z, p. 211), que es una infección de las tetas que obviamente afecta a los cachorros y causa dolor a la gata cuando éstos se encuentran mamando. El área alrededor de los pezones afectados aparece dura y rojiza, se pone muy sensible y causa tanto dolor que la gata no permite que los bebés se prendan de estos pezones, por lo que es necesario que se trate de inmediato, generalmente con antibióticos, lo que causa un rápido alivio de los síntomas. Tal vez sea necesario dar a los gatitos algún suplemento alimenticio mientras la madre se encuentra afectada.

Una enfermedad mucho más rara es la *eclampsia* o "fiebre de lactancia" (A-Z, p. 191), que procede de la falta de calcio en la leche. En esta condición la gata se observa evidentemente enferma, pierde el interés en sus cachorros, se le siente temblorosa y con fiebre, por lo que debe considerarse una emergencia y llamar al veterinario, quien muy probablemente le administre una dosis de calcio por vía intravenosa, con lo que rápidamente se revierten los síntomas; si no se atiende oportunamente, esta enfermedad es fatal, los síntomas avanzados son fiebre alta, espasmos musculares, convulsiones, estado de coma y la muerte. La eclampsia es mucho más rara en los gatos que en los perros, y cuando ocurre es en gatas que han tenido camadas muy grandes, de más de cinco cachorros. Normalmente se presenta de dos a cuatro semanas después del alumbramiento.

Durante las tres o cuatro primeras semanas, mientras la madre está alimentando a unos cachorros que van creciendo a gran velocidad, su demanda alimenticia es enorme y es muy poco probable que se presente un estado de sobrealimentación; lo mejor en este periodo es ofrecerle tres comidas abundantes y bien balanceadas, o incluso más si ella lo demanda. También se le debe ofrecer una buena cantidad de agua purificada, puesto que ella necesita reponer constantemente el líquido que pierde al alimentar a los gatitos. También es conveniente proporcionarle una cantidad de leche, en la medida en que no afecte su digestión o pudiera tener efectos laxantes.

Después de dos o tres semanas, a muchas gatas les gusta cambiar la ubicación de su madriguera, de manera que se preparan otro lugar y van cambiando a sus hijos uno por uno, cargándolos del cuello. Cuando se le vuelve a colocar la caja muy cerca del nuevo lugar que ella ha elegido, normalmente ella acepta reinstalarse de buen grado, claro que el nuevo establecimiento pudiera no ser el más adecuado desde el punto de vista de los dueños.

El peso promedio de los gatitos recién nacidos va de 90 a 140 gramos, cuando comienzan a alimentarse crecen muy rápidamente y por consecuencia aumenta su habilidad para chupar de la madre, así que sus tiempos de comida se acortan, alimentándose cada tres o cuatro horas. Coincidiendo con este periodo, se abren los ojos de los bebés, a los once o doce días de nacidos, por lo que la madre se atreve a dejarlos solos en cortos lapsos. Cuando ya tienen percepción visual, los gatitos comienzan a explorar los alrededores, su nivel de actividad aumenta día con día y también sus habilidades. Cerca de las tres semanas, los gatitos encontrarán la manera de salir de la caja y seguir a su madre hasta donde ella tiene su comida y su arenero, de esta manera, comienza su educación "de retrete". En este periodo es importante que los gatitos reciban su primer tratamiento contra los parásitos, lo que deberá administrarse en varias dosis programadas, tanto para la madre como para los cachorros. De aquí en adelante los gatitos disfrutarán grandemente el juego y la exploración, por lo que podremos encontrarlos en los lugares más recónditos de la casa, haciendo travesuras. La madre se pasa todo el día llamándolos para mantenerlos juntos y a veces ella misma los trae, cargándolos del cuello; cuando son un poco mayores, la madre siente que ya ha llegado el tiempo de disciplinarlos, por lo que a veces veremos que les gruñe o incluso les pega con su pata delantera.

El destete

Cuando los cachorros tienen tres o cuatro semanas de edad, la madre comenzará a dar muestras de que ya se encuentra harta de estarlos alimentando todo el día, va limitando los periodos de comida y sale de la madriguera a dar paseos más prolongados. Este es el inicio de la etapa en la que los gatitos aprenderán a alimentarse por sí mismos; es conveniente ayudar en este proceso proporcionándoles a los cachorros pequeñas cantidades de leche de vaca, que poco a poco irá sustituyendo a la leche materna; después de unos días podremos agregar un poco de cereal para bebés humanos, y una vez que éste ha sido aceptado podremos darles un poco de papilla de pollo bien cocida, o algo de carne y pescado, todo macerado y cocido. Es preferible usar un recipiente plano para colocar la comida de los cachorros; ellos mostrarán interés en la comida, más como un elemento de exploración que como un alimento, pues todavía no lo identifican como tal, por lo que es útil usar alguna estrategia para que se animen a probar la comida, como introducir pequeñas cantidades en su boca, ya sea con el dedo o el mango de una cuchara de plástico; una vez que se hacen a la idea de que la comida es comida, generalmente les encanta comer estos semisólidos y no es prudente dejar a su arbitrio la cantidad de alimento que ingieran, sino medirlo con cuidado para evitar problemas gástricos y sobrepeso; unas cuatro cucharadas pequeñas para cada uno en cuatro sesiones al día será suficiente, también se les deberá seguir ofreciendo la leche de vaca, de manera que ésta sustituya definitivamente a la leche materna, lo que ocurrirá de seis a ocho semanas de nacidos, con lo que la gata podrá descansar y reponerse de sus agobiantes funciones de madre sobreprotectora. Esto coincide con el tiempo, unas tres semanas después del destete, en el que la gata vuelve a tener su celo y comienza a emitir su aullido de reclamo sexual. Estos tiempos son variables y dependerá de que todas las etapas se hayan cumplido con normalidad. Si se desea que la gata ya no vuelva a procrear, el momento en que vuelve a tener su celo significa que su labor de madre ha terminado y se podrá proceder a su esterilización.

Cuidado de los cachorros huérfanos

Durante sus dos primeras semanas de vida los gatitos son muy dependientes de la madre, por lo que es extremadamente difícil criar a los cachorros que han quedado huérfanos desde su nacimiento. Si solamente se han salvado uno o dos gatitos, o si su alimentación será solamente por un corto periodo (por ejemplo, en el caso que la madre convalezca de una cesárea), será apropiado tratar de alimentar a los gatitos de una manera artificial, aunque no debemos ser demasiado optimistas con los resultados. Muchos expertos opinan que estos procedimientos artificiales no son convenientes, puesto que sin la presencia de la madre los cachorros no habrán de crecer como auténticos gatos, serán adultos incapaces de manejar su propia dotación instintual y tendrán problemas de conducta. Pero otros expertos sostienen un punto de vista contrario y ellos mismos han criados gatos que resultan completamente normales. En todo caso, lo mejor es tratar de encontrar una madre sustituta. No es difícil que una madre lactante acepte uno o dos cachorros extras, si éstos son colocados en su madriguera mientras ella se encuentra ausente; para localizar alguna madre sustituta habría que telefonear el veterinario, pues él se encuentra al tanto de la situación de sus pacientes y sería el único que podría ubicar una gata lactante.

En caso de que no se pueda hacer otra cosa y se toma la decisión de criar a los bebés, la primera medida es crear el ambiente adecuado: ellos deberán estar en un lugar donde no haya variaciones de temperatura, procurando que ésta se mantenga en unos 28°C durante las primeras dos semanas de vida; la temperatura deberá bajarse paulatinamente después de las dos semanas, hasta fijarse en 21°C. Se deberá arreglar una "madre artificial" con una botella de agua caliente envuelta en una toalla, lo que les proveerá una sensación de calor y seguridad. Durante su primer día de vida, los gatitos deben ser alimentados cada dos horas, con una preparación de leche especial para gatos que se puede adquirir en las clínicas veterinarias y en algunas tiendas especializadas, donde también se pueden conseguir pequeñas "mamilas"; aunque también se pueden usar jeringas desechables o goteros, todo deberá estar perfectamente esterilizado, para lo cual es más fácil usar un líquido especial en vez del molesto procedimiento de hervirlos. Al principio, cada cachorro necesita alrededor de cinco milímetros de leche, aunque habrá que aumentar la dosis si continúan chillando. La fórmula de la leche deberá ser preparada con cuidado, siguiendo las instrucciones y deberá ser administrada a la temperatura de la sangre (38°C). Al principio puede ser difícil persuadir a los cachorros para que se alimenten y se debe tener gran cuidado en que la leche no sea inhalada, pues es muy fácil que se ahoguen. Después de cada sesión de alimentación, se deberá lavar la carita de los cachorros con agua tibia, usando un poco de algodón o toallitas sanitarias; también habrá que frotar su abdomen, sus partes genitales y su ano para liberarlos de taponaduras y simular el lamido de la madre, lo que estimula la evacuación; después de limpiarlos habrá que secarlos con otra toalla. Después de dos semanas, los gatitos se alimentarán cada cuatro horas y así hasta un mes de edad; incluso si ya aceptan papillas, deberá proporcionárseles una dosis de leche cada seis horas.

Los gatitos huérfanos no han recibido el valioso calostro de la madre, por lo que son más vulnerables a las infecciones y desórdenes gástricos. Si un bebé muestra signos de diarrea (A-Z, p. 122), deberá consultarse al veterinario, considerando el caso como de urgencia, pues para un cachorro huérfano ésta es una situación más grave que en los casos de los cachorros que son atendidos por su madre.

Reconocimiento del sexo de los cachorros

No es fácil reconocer el sexo de los cachorros, pues cuando son muy pequeños sus aberturas urogenitales se encuentran en la misma posición; desde luego, es más fácil si se encuentran especímenes de ambos sexos, pues se pueden descubrir las diferencias. En general, es más fácil identificar su sexo recién nacidos o a las cuatro semanas, pero en los gatos de pelo largo, en este segundo momento sus genitales ya se encuentran cubiertos de pelo y se dificulta la identificación.

Para revisar a los cachorros, éstos deberán colocarse en la palma de la mano o sobre una mesa y levantar su colita; en ambos sexos el orificio superior es el ano; en el caso de las hembras, la apertura vaginal se encuentra por debajo del ano y se presenta como una pequeña línea vertical que tiene un pequeño promontorio en el centro. En el macho la apertura parece ser la misma, pero se encuentra más alejada del orificio anal y el promontorio aparece en la parte inferior de esa línea, ahí se encuentran los testículos.

CUIDADO DE LOS GATOS ANCIANOS

Principales aspectos a considerar

Tomados como mascotas, y en su conjunto, los gatos domésticos tienen ahora una mejor calidad de vida que en el pasado. A causa de los avances en la medicina veterinaria, con una buena nutrición y liberación del estrés en el nacimiento y crecimiento, muchos gatos llegan a una edad avanzada (16 ó 17 años) en buenas condiciones. Sin embargo, el gato anciano requiere algunos cuidados suplementarios, puesto que a medida que envejece es más vulnerable a ciertas enfermedades y desórdenes orgánicos. Un gato viejo se torna menos activo y aventurero, tendiendo a pasar una gran parte de tiempo durmiendo en su lugar favorito, que generalmente es un lugar mullido y cálido, pues para él es muy importante la calidez y ya no está dispuesto a someterse al frío, la lluvia o el viento. Un gato anciano es más susceptible a las infecciones, puesto que su sistema inmunológico va perdiendo eficiencia, por lo tanto, es aconsejable establecer un nuevo programa de vacunación y proceder a revisarlo cada vez que presente signos de enfermedad. En este mismo sentido, es necesario prestar más atención a sus tratamientos contra parásitos, pues su resistencia va decreciendo y se debilita con la presencia de esos bichos.

El gato anciano requiere menor cantidad de comida a medida que su actividad decrece, por lo que se vuelve muy selectivo y muchas veces cambia sus gustos, rechazando aquello que anteriormente le gustaba, es una buena disposición de sus dueños el respetar sus nuevos gustos y proporcionarle de vez en cuando algún manjar especial rico en proteína, aunque hay que ser cuidadosos con los huesos o tejidos duros, pues el gato podría tener su dentadura debilitada y fácilmente pierde piezas; en caso de tener que extraer algunas piezas, deberá hacerse bajo anestesia total; un gato viejo puede alimentarse perfectamente bien mientras la mayoría de sus molares se encuentran en buenas condiciones. Cuando su dentadura ya se encuentra muy deteriorada es conveniente ofrecerle la comida enlatada, pues se encuentra enriquecida y es blanda. Uno de los principales problemas del gato viejo es el estreñimiento y puede ser muy severo; esto no tiene que ver con la comida, sino con el entorpecimiento de sus funciones intestinales, por lo que deberá ser atendido por un veterinario.

Los tumores cancerosos (A-Z, p. 146) se presentan con mayor frecuencia en los gatos ancianos; su tratamiento y eventual extirpación depende del lugar en que se localice el tumor; los tratamientos usuales, como la radioterapia o la quimioterapia no tiene un efecto curativo, pero alivian los síntomas, al menos por una temporada.

Otras enfermedades comunes en la edad avanzada son los desórdenes cardíacos y de riñón (A-Z, p. 123); dependiendo de su severidad, se pueden administrar tratamientos con drogas por un tiempo para mejorar su calidad de vida; aunque llegará el momento en el que deberemos tomar la más difcil y piadosa decisión: ponerlo a dormir.

Muchos gatos ancianos desarrollan artritis, lo que se nota por sus dificultades de movimiento, especialmente al levantarse después de una larga siesta; también se presentan malformaciones de las uñas, por lo que es necesario cortárselas de vez en cuando (A-Z, p. 114).

PARÁSITOS

Los parásitos que afectan a los gatos pueden dividirse en dos grandes grupos: los que viven dentro del animal, en su tracto intestinal, y los que lo infectan externamente y se localizan en su piel.

Parásitos internos

Los parásitos internos que comúnmente afectan a los gatos provienen de dos grandes grupos, "ascáridos" y lombrices; ellos se inoculan en estado larvario y se instalan en el sistema digestivo del gato, alimentándose de la comida parcialmente digerida; estos parásitos tienen diferentes ciclos de vida y a su vez se encuentran infectados por bacterias, por lo que es necesario analizar el tipo de parásitos para proceder a su combate. Todos los gatos adquieren parásitos constantemente, pero no le causan una seria enfermedad y un programa normal de desparasitación es suficiente, pero cuando el gato se debilita por alguna razón, los huéspedes se reproducen sin mesura, por lo que se presenta un estado de seria infección, lo que es más común en los cachorros.

Ascáridos

Los ascáridos son largos gusanos blancos o grisáceos que varían de 5 a 15 centímetros de largo, cuando son expulsados por la evacuación pueden presentar una coloración rosada, lo que indica que acaban de alimentarse. Aunque uno solo ya es un problema, muchas veces coexisten varios en el intestino del gato, con lo que se tiene un problema serio. La especie más común en los gatos es la llamada *Toxocara cati*; este tipo de gusano generalmente es solitario y se desarrolla ampliamente; ocasionalmente es vomitado por el gato o expulsado en sus heces, lo que no significa que el problema se haya resuelto, pues el gusano habrá dejado una gran cantidad de huevecillos, tan pequeños que no pueden ser vistos; muchos de estos huevos pueden ser expulsados por el gato y alojarse en su pelo o en los lugares donde duerme; estas larvas permanecen en un estado de vida latente y son muy resistentes; un ser humano puede también infectarse de ellas, por lo que es un riesgo potencial para la familia, especialmente para los niños. Normalmente estas larvas sólo se desarrollan en el aparato digestivo del gato, en el caso del hombre u otros mamíferos las larvas no se desarrollan, pero pueden entrar al torrente sanguíneo y causar deformaciones en tejidos y órganos. En el caso del gato suceden ambos fenómenos, una proporción de los huevecillos pasa al torrente sanguíneo y otros crecen en su estómago e intestino; muchas de esas larvas se alojan en los tejidos y se calcifican, por lo que no causan mayor efecto, otras regresan al intestino y se desarrollan, produciendo más huevecillos, por lo que el ciclo no termina si no se le combate con los fármacos adecuados, recetados y controlados por un veterinario. Comúnmente, la infección de estos parásitos procede de la cacería de ratas o pequeños conejos cuando el gato se encuentra en crecimiento; el sistema inmunológico de los adultos dificulta grandemente el desarrollo de estos parásitos.

Como es natural, el riesgo es mayor en las gatas parturientas y sus crías, por lo que es necesario reiterar que tanto la madre como los cachorros deben ser desparasitados adecuadamente. Durante el embarazo, las larvas que se encuentren enquistadas en los tejidos de la gata y que en otras condiciones no causarían problemas, pueden volverse activas al encontrar su alimento en las glándulas mamarias, lo que obviamente resulta muy peligroso para los gatitos, pues a través de la leche materna pueden recibir las larvas y enfermarse seriamente, pues ellos no han desarrollado sus defensas; los síntomas pueden notarse por el crecimiento del vientre y constante diarrea (A-Z, p. 122). Cuando las larvas se alojan en las vías respiratorias causan un constante flujo nasal. La única manera de proteger a los gatitos de esta grave infección es la desparasitación de ellos y la madre, aunque aparentemente no se presente el caso.

Es muy conveniente vigilar la salud de nuestros gatos, en especial con esta clase de parásitos, pues representa un peligro para nuestra familia; los niños tienen un mayor riesgo potencial, pues se encuentran en mayor contacto con el gato y los lugares donde habita, por lo que fácilmente puede ingerir o respirar larvas; por esa razón es necesario redoblar la limpieza en el lugar donde se encuentra el arenero y educar a los niños en el hábito de lavarse bien las manos después de haber jugado con el gato, aunque el *Toxocara cati* se desarrolla completamente sólo en el organismo del gato, sus huevecillos pueden causar infecciones en los humanos, como ya se ha dicho, a través del torrente sanguíneo; uno de los principales riesgos es que estas larvas pueden alojarse en la retina y causar el *granuloma*, que es una deformación permanente de la retina, y por lo tanto, afecta la visión; cuando los huevecillos se alojan en otros órganos o tejidos pudieran no producir efecto alguno, pero en las vías respiratorias sí pudiera notarse una alteración. Igual que los cachorros, los niños corren un riesgo mayor debido a que su sistema inmunológico no se encuentra totalmente desarrollado. En el caso de niños mayores o adultos el riesgo es mucho menor. Hay que decir que la *Toxicara cati* existe mayormente en los perros, aunque en ellos no se desarrolla como en los gatos, pero los perros son los más frecuentes portadores de la larva, por lo que se debe tener especial cuidado en la higiene del perro y en su relación con los niños. En general, la convivencia entre niños y mascotas debe ser supervisada con cuidado; si se tienen las medidas sanitarias adecuadas y no hay reticencia a consultar al veterinario con frecuencia, los riesgos son prácticamente nulos.

Un pariente próximo del parásito descrito es la *Toxocaris leonina*, que rara vez se aloja en el organismo del gato, pero ocasionalmente es recibida de la presa, aunque no forma quistes en los tejidos del gato y no se han descubierto implicaciones en infecciones humanas.

Lombrices solitarias

Se trata de gusanos largos, delgados y planos, normalmente de color blanco; el espécimen adulto consiste de una cabeza, llamada *scolex*, donde se encuentran filamentos y ventosas con los que se adhiere al intestino del gato. Por debajo de la cabeza, y a manera de cadena, se encuentra una serie de segmentos, llamados *proglótidos*, cada uno de los cuales contiene sus propios órganos reproductivos masculinos y femeninos, por lo que cada segmento se reproduce individualmente, aunque forme parte de un organismo total, por lo que una cantidad de huevecillos son producidos por cada segmento y se depositan a su alrededor. Cuando la solitaria ya se encuentra muy desarrollada, el gato expulsa gran cantidad de huevecillos en sus heces; estos huevos pueden observarse a simple vista y tiene un aspecto de pequeños granos de arroz que se encuentran en movimiento; algunas de estas larvas pueden alojarse en el pelo del gato o secarse y quedar en estado de vida latente durante mucho tiempo, hasta que encuentran un huésped intermediario, en el que comienza su nuevo ciclo de vida. En el caso de la solitaria más común en los gatos, llamada *Dipylidium caninum*, que es muy común en los perros, el huésped intermediario es la mosca, aunque ocasionalmente otros insectos.

Otras lombrices de la familia de las *taenias*, se alojan en las ratas, conejos o pájaros, donde no se desarrollan, por lo que estos animales son solamente portadores. Un miembro de esta familia, que ocasionalmente infecta a los gatos, es la *Taenia taeniformis*, cuyo huésped intermedio es la rata común. Como en el caso de los parásitos antes citados, las solitarias pueden producir una infección del tipo larvario, esto es, el alojamiento de huevecillos en los tejidos a través del torrente sanguíneo; si el tejido es comido por un gato, la larva se activa y va creciendo en el intestino del animal. Es muy raro que se encuentre más de uno de estos parásitos en el intestino del gato, aunque se puede dar el caso.

Obviamente, los gatos que se encuentran en libertad para cazar se encuentran en mayor riesgo que los caseros; aunque siempre existe el riesgo de las moscas, quienes también son portadoras y pueden dejar las larvas si ellas mismas se alimentan de la comida del gato, con lo que puede comenzar el proceso de crecimiento de la solitaria en su organismo, lo que no será notado al principio, pues el gato no siente molestia alguna hasta que la solitaria se encuentra ya muy desarrollada y el gato comienza a arrojar segmentos de ella en sus heces o vómito. Existe una gran cantidad de medicamentos para combatir estos parásitos y el veterinario está capacitado para recomendar el más adecuado; pero si en el medio que habita el gato puede cazar ratas, es muy conveniente proporcionarle un tratamiento de rutina, con carácter preventivo, asimismo en zonas en las que pululan las moscas.

Las lombrices solitarias de los gatos no se desarrollan en el organismo humano; sin embargo, existe una variedad llamada *Echinococcus multilocularis*, que es una solitaria pequeña, ocasionalmente afecta al ser humano, aunque tomándolo solamente como portador; sin embargo, puede producir un crecimiento anormal del hígado.

Otros parásitos internos

Una cantidad de parásitos internos pueden afectar a los gatos, pero afortunadamente son bastante raros. Uno de ellos es la *Uncinaria stenocephali*, que algunas veces aparece en gatos. Cuando la infección es muy severa, el gato pierde apetito y peso, con señales de anemia y diarrea (A-Z, pp. 110, 122). Estos gusanillos son menores de un centímetro, pero en grandes cantidades producen un cuadro de enfermedad muy seria.

Otros parásitos poco comunes son los *Ancyclostoma*, que solamente se han encontrado en algunas partes de Estados Unidos y Australia. Igualmente se transportan en el torrente sanguíneo y cuando llegan al intestino comienzan a desarrollarse, los síntomas son los mismos de los citados arriba.

Otro parásito es conocido como "gusano de pulmón", científicamente *Aelurostrongylus abstrusus* y obviamente se aloja en los pulmones del gato; los gusanillos adultos son muy pequeños y de color café oscuro, depositan sus huevos en las cavidades pulmonares donde se transforman en larvas, causando irritación y cosquilleo; con la expectoración, las larvas llegan a la boca del gato y de ahí pueden pasar al tracto digestivo, con lo que se eliminan en las heces, por lo que se pueden confundir con parásitos intestinales. Este parásito también puede pasar a un portador y de ahí infectar otros gatos. Cuando esta infección se presenta en estados avanzados causará dificultades para respirar, tos y estornudos, lo que ya significa que el gato se encuentra enfermo.

Existe otro parásito, llamado *Capillaria aerophila* que se aloja en la traquea y no llega al estómago; causa irritación de la garganta y dificultades para respirar; las larvas son expulsadas por defecación y pueden infectar directamente a otros gatos, sin necesidad de huéspedes de tránsito. En zonas tropicales existen otros parásitos que afectan a los gatos, pero su incidencia se encuentra muy localizada y no causan epidemias.

Parásitos externos

Los parásitos externos viven en la piel de los gatos, en las partes blandas de su vientre, nariz, oídos o ano, donde viven succionando la sangre del animal o elementos de sus detritus; son de varios tipos que a continuación indicaremos:

Pulgas

La mayoría de los gatos son atacados por pulgas en alguna etapa de su vida y son comunes en todas partes del mundo, siendo la especie más extendida la *Ctenophalides felis*, que ataca tanto a perros como a gatos; la clásica pulga de los perros, *Ctenophalides canis*, en la actualidad se ha vuelto bastante rara. Ocasionalmente un gato puede ser infestado por pulgas de otras especies provenientes de distintos animales o de humanos, pero el origen normal son otros gatos. Las pulgas no completan su ciclo vital en el cuerpo del gato, las hembras se proveen de sangre para reproducirse fuera del cuerpo del mismo, por lo que las pulgas que se ven entre la pelambre son en realidad adultos que se preparan para reproducirse; alrededor del hábitat del gato se encuentra una gran cantidad de pulgas en estado larvario. Los sitios favoritos de las pulgas cuando se hospedan en el gato, son las orejas y la cola, generalmente dejan unas pequeñas manchas oscuras que son sus heces, compuestas de sangre digerida, cuando se limpia estas marcas con un algodón húmedo descubrimos manchas del color de la sangre, lo que nos indica que son deshechos de pulga y no otra clase de suciedad.

Habiendo obtenido su dotación de sangre, la hembra salta del cuerpo del gato para depositar sus huevos en un lugar cercano y mullido, como la propia cama del gato o los alrededores si están alfombrados, si no hay un sitio propicio en la cercanía, los huevos son depositados en la pelambre del gato y van cayendo en cualquier lugar mientras el gato se mueve, pues las larvas no se prenden a su piel. Estas larvas se alimentan de pequeñas partículas nutritivas, especialmente de las larvas de otros insectos o sus detritus. Las larvas se desarrollan en condiciones favorables, como el calor y la humedad; generalmente proliferan en la primavera y el verano, decreciendo en los meses fríos, aunque pueden resistir por varios meses en estado de vida latente, hasta que las condiciones sean favorables para su desarrollo; en las casas modernas, sobre todo en los lugares donde hay calefacción, las pulgas progresan todo el año. El tiempo de desarrollo de una pulga, desde su nacimiento hasta la adultez, toma solamente dos o tres semanas y una hembra pude producir unos 500 huevecillos durante su vida.

Es evidente que para controlar a las pulgas no es suficiente tratar al gato, sino también todo su entorno. Actualmente existen muchas preparaciones insecticidas para el combate a las pulgas; algunos de ellos se usan sobre el animal mismo y otros en sus lugares habituales; el consejo del veterinario es muy útil en estos casos. Un tratamiento preventivo consiste en pastillas insecticidas que se agregan a la comida del gato, soluciones que se aplican a la piel y ciertos collares. También existen aditamentos aspersores, jabones y shampoos que resultan muy efectivos para eliminar pulgas cuando ya están presentes y proporcionan una protección para futuras colonizaciones. Como los gatos se acicalan constantemente y se lamen su cuerpo, es necesario ser muy cuidadosos en el tipo de productos que se emplean, pues el gato ingiere parte del insecticida y fácilmente puede intoxicarse, por lo que no debe usarse cualquier producto sino solamente los indicados para los gatos y seguir fielmente las instrucciones. Muchos productos antipulgas están diseñados para ser usados en una especie de "ataque en dos frentes", o sea, tanto en el cuerpo del gato como en sus alrededores, por lo que resultan muy eficaces. Hay que considerar que si una mascota de la casa es tratada, habrá que hacer lo mismo con todas las demás, tanto perros como gatos. Una medida sanitaria elemental es mantener siempre limpia la cama del gato, así como las alfombras o muebles que se encuentren cerca de ella. Las pulgas pueden ser portadoras de huevos de las lombrices solitarias que ya hemos mencionado, por lo que es conveniente desparasitar al gato que ha sido invadido por pulgas. Ellas también pueden ser transmisoras de virus o bacterias de un gato a otro, puesto que penetran directamente en su sangre, lo que afecta especialmente a los cachorros, además de que al producir picazón, el gato tiende a rascarse vigorosamente y producirse excoriaciones que pueden infectarse. Algunos gatos sufren reacciones alérgicas a la mordedura de la pulga, lo que se nota como hinchazón, principalmente en el lomo y la cola, condición que se conoce como "eczema militar", y resulta muy incómodo para el gato, pues le produce una aguda comezón (A-Z, p. 121). Se requiere un tratamiento veterinario para superar esta situación, junto con la eliminación de las pulgas.

Piojos

Existen muchos tipos de piojos que pueden colonizar a los gatos, pero el más común es el que se aloja en los oídos. Algunas especies de piojos pueden observarse a simple vista, mientras que otros sólo se perciben al microscopio. Los piojos no son insectos, sino que pertenecen a la familia de los arácnidos, que incluye a las arañas, los alacranes y las garrapatas. Los piojos y las garrapatas son los clásicos parásitos de todos los mamíferos.

Piojos de los oídos

Después de las pulgas, los piojos de los oídos (*otodectes cyanotis*) son los huéspedes más comunes de los gatos; ellos se alojan en los oídos tanto de los perros como de los gatos; prácticamente son invisibles al ojo humano y pueden crear grandes colonias en el interior de los oídos sin que nos demos cuenta. Ellos no perforan la piel, sino que se instalan en los materiales mucosos y la piel muerta que se produce por el continuo rasquido del gato, lo que es una indudable señal de que se encuentra atacado por esta clase de parásitos; la picazón es tan intensa que el gato mete sus uñas dentro de su oído y llega a lastimarse seriamente. El interior de los oídos se percibe demasiado húmedo y en algunas partes aparecen crestas duras, que al examinarse al microscopio resultan verdaderas colonias de pequeñísimos piojos, de manera que un gato que se rasca la zona de los oídos deberá revisarse por un veterinario para su diagnosis y tratamiento, pues lo más probable es que se encuentre infestado de piojos, además de que es muy probable que se presente una infección bacterial secundaria debido a las lastimaduras que el propio gato se produce con sus rasquidos. El tratamiento común es por medio de gotas que se aplican directamente en los oídos y matan a los piojos. Algunas preparaciones incluyen drogas antibacterianas, agentes para suavizar los tejidos endurecidos e incluso un anestésico, para evitar que el gato se siga rascando. Normalmente es necesario continuar con el tratamiento durante un buen tiempo, pues muchos piojos se encuentran profundamente enquistados: ambas orejas deben ser tratadas al mismo tiempo y con el mismo método, aunque el mal sólo se perciba en una de ellas, pues los piojos viajarán al otro oído en cuanto sientan que su hábitat está siendo atacado; lo mismo deberá hacerse con otras mascotas que se tengan en la casa, pues la infección de piojos es sumamente contagiosa.

La irritación de los oídos es tan intensa que el gato se defenderá con fuerza de cualquier manipulación que se haga del interior de sus oídos, por lo que se dificulta el tratamiento; en algunos casos es preferible sedar al animal o incluso anestesiarlo para poder manipular bien el interior de los oídos y darle un tratamiento a fondo; para subsecuentes curaciones en casa, es conveniente envolver al gato en una toalla y dejar libre solamente la cabeza.

Infecciones de la piel

La infección común en los perros, que se conoce como "roña", es sumamente rara en los gatos, pero cuando ocurre es debido a dos tipos de piojos parasitarios: uno de ellos es llamado *Notoedres cati*, que es responsable de una infección de la piel similar a la roña y es muy infecciosa, pasando rápidamente de un gato a otro. Los piojos se desarrollan rápidamente por la superficie de la piel y la resecan y endurecen, causando una severa irritación que en la mayoría de los gatos no es notoria hasta que el pelo se comienza a caer en las zonas afectadas. Esta infección generalmente comienza alrededor de las orejas y se va extendiendo hacia abajo por el cuello; en ocasiones invade la cara, por lo que el gato frota su cara y cuello contra cualquier objeto para encontrar alivio, pero en esa operación va dejando larvas de piojos por todos lados; cuando ya es muy avanzada, la infección produce la caída del pelo desde su raíz, dejando en exposición zonas de piel reseca y rugosa.

Otra enfermedad infecciosa de la piel es la *Roña follicular* (*demodecosis*), que también es muy rara en los gatos y es causada por un piojo microscópico que se llama *Demodex canis*, puesto que es un parásito común en los perros. En este caso los piojos habitan en el propio pelo del animal y normalmente afecta la piel alrededor de los ojos; el pelo también se cae y aparece un cierto olor fétido.

El diagnóstico de esta clase de infecciones no puede realizarse sino por medio del análisis microscópico de muestras de piel y el tratamiento es prácticamente el mismo que se usa en la infección por pulgas. Estos parásitos no pueden vivir fuera de su huésped, por lo que no es necesario que el tratamiento se extienda al hábitat del gato, pero los gatos o los perros que están en contacto con el animal enfermo deberán ser tratados de la misma manera, procurando mantener al animal enfermo apartado de los demás mientras se encuentra en curación.

Dentro de los piojos que infectan la piel, también encontramos la *Cheyletiella blakei*, que es un parásito muy pequeño, pero que puede ser detectado a simple vista. Tampoco es un parásito común en los gatos y generalmente no produce ninguna irritación, aunque cuando la colonia crece desmedidamente se presenta la característica comezón que hace que el gato se rasque y se infecte de otras cosas. Los síntomas externos de esta infección, además del rascado, es el aspecto grasiento de ciertas partes del pelo, especialmente en cuello y cabeza, lo que es consecuencia de las secreciones de los piojos, que en este caso se mueven constantemente, por lo que si miramos con cuidado los podremos ver moviéndose entre el pelo del gato, por lo que antiguamente se le llamaba "piojo caminante". Este parásito cumple su ciclo de vida completo en la piel del gato y aunque no es tan agresivo, debe tratarse igual que los demás piojos y las pulgas.

Todos los tipos de piojos se transmiten por el contacto directo entre los animales y en muchos casos por el simple acercamiento a sus lugares habituales, por los que las camas y los implementos de todas nuestras mascotas deberán desinfectarse en caso de que aparezcan rastros de piojos en cualquiera de ellas, también los dueños deberán tener cuidado, pues los piojos se pasan con mucha facilidad a nuestros cabellos, aunque normalmente no se encuentran a gusto, debido al baño y al peinado diario, por lo que difícilmente pueden causar verdaderas infecciones en humanos; sin embargo, en personas con piel muy sensible y en niños pequeños sí se puede presentar irritación de la piel a causa del ataque de piojos, especialmente en los brazos o en la cara, cuando se ha cargado al gato.

Piojos de campiña

Los piojos del campo afectan a los gatos que se encuentran en contacto con la naturaleza más o menos abrupta de las granjas, particularmente en los meses de verano y otoño. En este caso es la larva de estos piojos la que causa la infección y los gatos normalmente la adquieren al andar entre los matorrales, que es donde se incuban. Estas larvas se instalan en las partes húmedas y desprovistas de pelo del gato, como los oídos, la nariz o el ano; cuando alcanzan el estado adulto se desprenden del gato y regresan a las plantas, pues su patrón alimenticio es vegetal. Esta infección puede detectarse como pequeñas manchas rojizas en los lugares antes señalados, lo que causa hinchazón e irritación. Su tratamiento es el mismo que en todos los casos de piojos.

Lisas

Las lisas se confunden con los piojos pero en realidad son pequeñísimos insectos que se desarrollan y pasan su vida entera como parásitos de animales. Son parásitos muy raros en las ciudades, pues también son de origen campirano, aunque pueden presentarse en cualquier medio. Su nombre científico es *Felicola subrostratus* y se trata de un insecto plano en forma de minúscula hoja color carne que se mimetiza con la piel y se alimenta de las pequeñas partículas de piel muerta que se desprenden por resequedad, por lo que va dejando la piel demasiado sensible y susceptible a otras infecciones, también causa irritación y comezón. Cuando la infestación es muy severa, puede causar problemas como la anemia y debilitamiento general, especialmente en gatos ancianos o muy pequeños. En el gato afectado se observa su cabello como si estuviera atacado de caspa, pequeñas bolitas pueden detectarse en cada cabello, lo que en realidad es la larva de la lisa, que se encuentra fuertemente adherida al cabello, por lo que es conveniente cortar de raíz los cabellos de las zonas afectadas, con lo que no se eliminará totalmente el problema pero se reducirá su incidencia; además se deberá bañar al gato con frecuencia, usando jabones o shampoos insecticidas; el tratamiento deberá seguirse por un buen tiempo, porque se mata solamente a los insectos adultos pero las larvas son muy resistentes.

Garrapatas

Al igual que los piojos, las garrapatas son parásitos de la familia de los arácnidos, por lo que no son insectos. También es muy raro que las garrapatas (*Ixodes hexagonus*) ataquen a los gatos, pues su medio natural son los animales de granja, pero es posible que suceda, en especial en los gatos de los medios rurales y eso puede suceder en los meses de verano, después de un paseo entre la hierba. La garrapata tiene patas prensiles y también se adhiere fuertemente con su boca a la piel del animal, generalmente en el abdomen, los oídos, la cabeza y el cuello. La garrapata normalmente es muy pequeña cuando se pega a la piel del gato, aunque perfectamente visible como una pequeña protuberancia negra con patitas; cuando se encuentra en las orejas o el abdomen es fácil detectarlas, pero no así cuando está entre el pelo largo. La garrapata es una gran succionadora de sangre y crece de tamaño considerablemente a medida que se alimenta, al principio el gato no se queja de su presencia, pero a medida que crece va produciendo irritación y más tarde, dolor.

Cuando localizamos a la garrapata, podemos removerla, pero es necesario estar seguros de que la hemos retirado completamente; un error común es el simplemente jalarlas con las uñas, pero lo que pasa es que simplemente separamos el abdomen del resto del cuerpo, quedando las patas y la cabeza firmemente adherida a la piel del gato, con lo que es muy probable que se desarrolle una infección y un pequeño absceso (A-Z, p. 109). El método correcto es "anestesiar" primero a la garrapata, antes de jalarla, para que relaje sus patas y su hocico, esto se puede hacer con un algodón impregnado de alcohol o insecticida; después se deberá prender a la garrapata con los dedos o unas pinzas pequeñas y no jalarla violentamente, sino dar vueltas con suavidad, como si se la estuviera "destornillando", de esta manera el cuerpo saldrá completo y no dejará incrustado parte de sí; esta operación tendrá que hacerse con cada una de las garrapatas, lo que puede resultar bastante tardado y desagradable, tanto para el gato como para sus dueños.

Cuando no se le detecta, la garrapata alcanza su máximo tamaño y se desprende del gato, para procrear y completar su ciclo vital. Las garrapatas pueden adherirse a cualquier mamífero, incluyendo el hombre. Actualmente se desarrollan estudios que asocian a la garrapata con un tipo de infección que se llama *síndrome de Lyme*, que potencialmente puede causar inflamación muscular en las personas y cuyos signos primarios consisten en comezón, un enrojecimiento de la piel alrededor de la marca dejada por la garrapata. Al parecer, no todas las garrapatas son portadoras de la bacteria que produce esta enfermedad; pero es necesario tomar precauciones cuando estamos tratando con estos bichos, procediendo a quemar sus restos cuando los hemos removido del gato o el perro, además de desinfectar perfectamente nuestras manos o instrumentos empleados. En un paseo por el campo no es conveniente exponer la piel al roce de los matorrales o la vegetación densa, pues es ahí donde anidan sus larvas.

Moscas comunes y moscas "azules"

Tanto las moscas pequeñas como las grandes que tienen una coloración "tornasol" o "azul" son atraídas hacia cualquier sustancia en descomposición, especialmente si se encuentra en un animal vivo, porque ahí depositan sus huevecillos en condiciones óptimas, pues las larvas encuentran la temperatura y alimentación adecuadas para su desarrollo; si el gato tiene una herida infectada o un absceso supurante y no nos damos cuenta, las moscas pueden depositar ahí sus huevos, que rápidamente se convierten en larvas y comienzan a alimentarse de la piel del gato, extendiendo la infección original, lo que puede ser un serio problema si se trata de un gato anciano o callegero. En esta situación, lo más acertado es llevarlo al veterinario para que sea apropiadamente higienizado exteriormente y se le administren los antibióticos necesarios; si no es tratado rápidamente, la infección por larvas de mosca progresará rápidamente, pues su ciclo vital es muy rápido y el gato puede caer en estado de shock, como resultado de las toxinas que pasan a su torrente sanguíneo.

Las enfermedades de los gatos varían en incidencia de una región a otra; hasta aquí se han descrito las más comunes; pero de aquí en adelante daremos una serie de descripciones cortas y específicas que pueden ser más o menos importantes en diferentes países, pero quc todo dueño de gatos debe tomar en cuenta.

A-Z DE ENFERMEDADES, HERIDAS Y PROCEDIMIENTOS VETERINARIOS

Abscesos: Los gatos son particularmente susceptibles a la formación de abscesos, generalmente como resultado de sus peleas con otros gatos; estas protuberancias pueden aparecer en cualquier parte del cuerpo, al principio se presentan muy pequeñas, pero crecen rápidamente hasta que se abren en la cima, emanando un líquido fétido que todos conocemos como "pus"; si al extraerse la mayor parte de la pus percibimos un sangrado y hay que suspender la operación, esto alivia un poco el dolor del gato, pero no soluciona el problema, pues la infección continúa; las defensas del gato pueden actuar favorablemente, pero si éste manifiesta apatía y rechaza la comida, lo más probable es que se haya generalizado la infección, por lo que deberá ser tratado con antibióticos; ocasionalmente es necesario drenar por completo los abscesos, lo que debe hacerse bajo anestesia total, por lo que antes de este tratamiento no habrá que darle alimentos ni bebidas. El tratamiento posterior es a base de fomentos de infusiones con sales antisépticas que el mismo veterinario recomendará, de manera que no queden focos de infección externa, pues de otra manera podría reproducirse otro absceso cerca del original.

Alergias (reacciones): Los gatos frecuentemente sufren de reacciones alérgicas, sobre todo en la piel; a causa de infestación de parásitos externos, principalmente pulgas, las partes afectadas producen comezón, y ocasionalmente, hinchazón; la aplicación de compresas calientes puede ayudar, pero si el caso es grave habrá que consultar al veterinario.

Alopecia: La alopecia es la verdadera caída del cabello, o sea, desde la raíz, por lo que puede llamarse calvicie, lo que en el caso de los gatos no es una condición genética sino un desorden de la piel que indica la presencia de parásitos externos; aunque en casos raros se puede deber a problemas de la glándula tiroides, que pudiera estar produciendo una cantidad insuficiente de hormonas. Esta pérdida de pelo no es normal en ningún caso y amerita un diagnóstico veterinario, pues solamente identificando su causa se podrá implementar el tratamiento adecuado.

Anafiláctico (shock): Se trata de una reacción alérgica, pero extremosa, que puede ocurrir cuando el gato es picado por un insecto venenoso, por escasa tolerancia a ciertos medicamentos o dosis excesivas; en algunos casos, aunque raros, por ingestión de algún alimento que contenga sustancias inadecuadas para el metabolismo del gato. El animal se colapsa, sus labios y su lengua se vuelven azules, tiene dificultad para respirar y en algunos casos se presenta vómito o diarrea. Evidentemente se trata de un caso grave y debe tratarse de inmediato, normalmente se le administra una inyección de adrenalina para salvar su vida. En la sección de primeros auxilios se abundará sobre esto.

Anemia: Consiste en una inadecuada transmisión del oxígeno hacia las células a causa de la reducción de glóbulos rojos en la sangre o en el aumento de la hemoglobina que contienen y que es el pigmento rojo de la sangre bien oxigenada. La anemia no es un mal en sí mismo, sino el efecto de otra enfermedad o desorden asociado.

Se reconocen tres tipos de anemia en los gatos: el primero es el llamado "hemorrágico", pues el gato pierde sangre por heridas o ruptura de vasos sanguíneos, lo que no es notado externamente;

también se puede producir por el exceso de parásitos internos o externos que se alimentan de sangre, lo que produce un efecto parecido al envenenamiento con ciertos productos como los raticidas, que producen la ruptura interna de los vasos sanguíneos. Un segundo caso de anemia se produce por deficiencias de la médula espinal, que es responsable de la producción de glóbulos rojos, esta condición se puede producir por la ingestión accidental de elementos venenosos para el gato, como medicamentos humanos o insecticidas. El hígado del gato puede neutralizar cantidades pequeñas de sustancias tóxicas, pero cuando rebasan su capacidad, éstas pueden pasar a la médula espinal produciendo este tipo de anemia, llamada *hipoplástica*, y también dañar el hígado. El tercer tipo se llama *anemia hemolítica*, que se produce cuando, por alguna razón, las células sanguíneas que se producen normalmente son destruidas y removidas de la circulación, por lo que se produce un cuadro de enfermedad parecido a la leucemia.

Los síntomas de la anemia son una extrema palidez en los labios, en la parte interior de los ojos y en la lengua, lo que sólo se podrá identificar por contraste, pues muchos gatos presentan una palidez normal en esas partes de su cuerpo. Los signos más evidentes son la apatía, cansancio y pérdida de energía; en casos extremos se observa dificultad para respirar, incluso en estado de calma. Un gato en estas circunstancias deberá ser atendido de inmediato por un veterinario.

Anemia infecciosa felina: Su nombre científico es *Haemobartonelosis felinae* y se trata de una enfermedad infecciosa que es causada por la bacteria *haemobartonela felis*. Muchos gatos son portadores de esta bacteria sin presentar el cuadro de la enfermedad. Es muy frecuente en los gatos callejeros jóvenes y se presenta principalmente en los meses de primavera y verano, que son las épocas de mayor actividad sexual de los gatos y en los que se suscita mayor violencia entre ellos, ya que la bacteria se transmite de un gato a otro por la saliva o la sangre; aunque también se cree que las moscas son un vehículo transmisor; en las gatas embarazadas, estos organismos traspasan la placenta y pueden atacar a los fetos.

La bacteria entra al torrente sanguíneo y se reproduce rápidamente, eventualmente causando la ruptura de los glóbulos rojos (*hemólisis*), por lo que las células sanguíneas se vuelven susceptibles al ataque de otro tipo de bacterias y se produce un caso de "multinfección", con lo que la médula espinal no puede reproducir las células con la rapidez necesaria, lo que da lugar al síndrome de anemia. Un gato en estas condiciones debe ser examinado por un veterinario, analizando su sangre al microscopio, lo que revelará la presencia de la bacteria. El tratamiento más usual es la administración de una fórmula de antibióticos; pero en casos graves se hace necesaria una transfusión sanguínea.

Anestesia y anestésicos: Se llama "anestesia" a la pérdida de sensibilidad en todo el cuerpo o en alguna parte de él, normalmente como resultado de la administración de alguna droga para este fin y como un recurso quirúrgico, en estas circunstancias se administra la fórmula adecuada para causar efectos de relajación muscular en las zonas que serán operadas, la anestesia local bloquea la transmisión de información nerviosa de cierta parte del cuerpo. En el caso de los gatos, la gran mayoría de las operaciones se realizan bajo anestesia total, ya que los gatos son muy difíciles de manejar si se les mantiene conscientes, además de que así se reduce el trauma de la manipulación y operación. En algunos casos se anestesia a los gatos para poderlos examinar a fondo, particularmente si el gato es agresivo o se asusta mucho. Igual que a los pacientes humanos, al gato no se le debe dar nada de comer o beber por cierto número de horas (dependiendo del tamaño del gato), para que la anestesia haga su efecto y no se produzcan peligrosos vómitos, que pueden causar neumonías. Los anestésicos modernos son muy seguros, aunque todos producen un malestar secundario; pero es mucho más el beneficio que sus desventajas. Los veterinarios los usan constantemente, por lo que son expertos en su manejo; pero, al igual que en los humanos, es imposible determinar el grado de efecto secundario que pudiera tener de un individuo a otro. Se considera que en los gatos pequeños, los ancianos o aquéllos debilitados por enfermedades, los riesgos son mayores, por lo que en estos casos se debe ser prudente con el empleo de la anestesia total. El uso de anestesia local en gatos generalmente se restringe a tratamientos de la piel o extracción de pequeños tumores.

Apetito: La pérdida de apetito ocurre frecuentemente entre los gatos y sus causas son variables. Algunas veces la causa parece obvia, como cuando el gato tiene una excoriación en la boca que le molesta al comer, o cuando ha comido algo que le ha caído mal y se rehusa a comer su siguiente ración, lo que es normal y resulta preferible suspenderle la comida por unas horas. Pero cuando el gato pierde el apetito sin causa evidente, eso es un síntoma de una enfermedad, lo que puede ser acompañado por otras señales, como letargo y fiebre. Muchos males respiratorios (como el síndrome de Kidney) generalmente causan declinación del apetito; también los gatos que convalecen de alguna enfermedad normalmente se niegan a comer y necesitan ser persuadidos con vehemencia. Como una regla general, es conveniente observar con cuidado, y si el problema persiste, consultar con el veterinario, lo que muy bien puede llevar a conclusiones simples, como una bola de pelo en el estómago del animal, lo que le da la sensación de estar lleno.

Es necesario señalar que los gatos son unos animales muy sensibles, por lo que una pérdida de apetito puede proceder de una situación emocional, como el haber sido llevados a una gatera mientras la familia estaba de viaje, o la llegada de una nueva mascota a la casa, o simplemente cambios en las rutinas de la casa. Los gatos de pedigree, y en especial los siameses y persas, son mucho más susceptibles; en estos casos, el único remedio es la actitud gentil de los dueños, quienes al comprender la situación traumática por la que atraviesa el gato tienden a demostrar de manera especial su afecto hacia él, con lo que se resuelve este problema y el gato vuelve a comer con normalidad.

Algunos gatos odian el ser observados mientras comen, especialmente por personas extrañas, de lo que se deriva una situación de estrés. También durante los periodos de celo, tanto hembras como machos, bajan su ingesta de alimentos.

Artritis: Se trata de inflamación de las coyunturas y normalmente afecta solamente a los gatos ancianos. Es muy notorio en ellos cuando después de un rato de inmovilidad les cuesta trabajo incorporarse, lo que desde luego es muy raro en los gatos. Aunque no siempre se trata de artritis, pues el gato puede sufrir de alguna otra clase de lesión, lo que será determinado por el veterinario. Tratándose de artritis, desgraciadamente no existe cura; pero se han desarrollado fármacos que alivian los síntomas. A un gato que tiene esta enfermedad le hace bien permanecer en lugares tibios.

Ascitosis: es el crecimiento del vientre de manera anormal y sin que se trate de obesidad, significa la presencia de una enfermedad infecciosa, particularmente peritonitis felina infecciosa, o tal vez un tumor.

Asfixia: Se trata de un estado de sofocación durante el cual el oxígeno no llega con suficiencia a los tejidos. Los casos incluyen la clásica sofocación por un collar del que se tira inadecuadamente, el bloqueo de la traquea por algún objeto extraño o la aspiración de humos tóxicos. La asfixia también puede ser el efecto de shock anafiláctico, en el que se contraen los ductos respiratorios y el aire no llega a los pulmones. La asfixia es una situación de emergencia, pues la muerte sobreviene con rapidez si no se proporciona respiración artificial.

Biopsia: una gran ayuda para la diagnosis es la remoción de pequeñas porciones de tejido vivo para ser analizado bajo el microscopio. La biopsia generalmente se emplea para distinguir entre tumores malignos y benignos, en el caso de los gatos es común que se realice bajo anestesia total.

Blastomicosis: Es una rara enfermedad respiratoria que afecta a los gatos y que es causada por hongos; su incidencia se encuentra localizada únicamente en algunas zonas de Estados Unidos.

Calicivirus felina: Ésta es una de las dos principales enfermedades respiratorias de los gatos, también llamada "influenza felina".

Se trata de una fuerte infección viral cuyos síntomas son el estornudo, flujo nasal e intenso lagrimeo; también se presentan temperaturas altas, tos y ulceraciones en la boca, en la lengua y el paladar. Muchas veces los síntomas se confunden con los del catarro común y cuando no se manifiesta con severidad las propias defensas del gato superan la enfermedad; sin embargo, este virus es muy contagioso, cuando el gato estornuda va contaminando los lugares donde se encuentra. En estados graves la muerte sobreviene en un máximo de diez días. Esta enfermedad es de tipo epidémico, por lo que es uno de los riesgos de dejar al gato en una gatera. Afortunadamente existe vacuna para este mal.

Calvicie: *ver* **Alopecia**.

Cáncer: Éste es el nombre común para toda clase de tumores malignos. Se trata de un crecimiento anormal de las células que invaden los tejidos circundantes y los destruyen. Las células cancerígenas se esparcen a través del cuerpo por el torrente sanguíneo o linfático, lo que se conoce como metástasis, y pueden causar tumores en cualquier otra parte. Al igual que los seres humanos, los gatos desarrollan una gran variedad de formas cancerígenas, una de las más comunes es el *linfoma*, que afecta el sistema linfático y particularmente los nódulos, la glándula del timo, los pasajes nasales y el sistema nervioso. Esta clase de cáncer es la que se presenta en un tercio de los gatos y es menos frecuente en animales jóvenes; la mayoría de los cánceres se presentan en la edad adulta y la vejez, y los gatos son muy susceptibles de contraerlos. Otros sitios comunes para la aparición de tumores es la boca, la piel, y, en el caso de las hembras, las glándulas mamarias. Sin embargo, pueden crecer en cualquier parte del cuerpo.

Los síntomas del cáncer varían en función del sitio donde se localizan los tumores. Si se manifiestan síntomas de enfermedad y se les puede asociar con alguna protuberancia en el cuerpo del gato, deberá acudirse al veterinario para que se hagan los análisis pertinentes. Los tratamientos incluyen la cirugía, la radioterapia y la quimioterapia. Como en los seres humanos, el cáncer puede ser tratado con éxito si se detecta en sus fases primarias, pero en muchos casos es preferible no someter al gato a un tratamiento doloroso e infructuoso, por lo que es más humanitario ponerlo a dormir definitivamente.

Candidiasis: Es una condición poco común en los gatos en la que se producen excoriaciones en la piel y en la boca que son causadas por una bacteria llamada *candida albicans*, que también ataca al hombre. Su tratamiento es a base de fungicidas.

Catarata: Es una enfermedad que produce el desprendimiento de la retina, el ojo se observa opaco y con una nebulosidad blanquisca, lo que produce un gran debilitamiento de la visión e incluso su pérdida. Aunque no es común, puede presentarse en los gatos muy ancianos.

Catarro: Irritación e inflamación de las membranas mucosas, generalmente circunscrita a las áreas nasales, donde su produce un constante flujo. Igual que la gente, el gato estornuda y lagrimea, tiene dificultades para respirar. Esta condición es pasajera; pero si permanece puede tratarse de un caso de *Influenza felina*, que sí es una enfermedad grave. Tanto en un caso como en otro, el gato rehusa comer y se nota apático, por lo que es prudente realizar un diagnóstico de su verdadera condición.

Cesárea: Es el corte hecho en el vientre de la hembra para producir el alumbramiento, normalmente se realiza en condiciones de emergencia, cuando la labor de parto no se realiza con éxito, normalmente por mala posición de los gatitos o "inercia uterina", lo que significa que las contracciones se suspenden o no se realizan en los tiempos adecuados. En estos casos es esencial la oportunidad con que se realice la operación para salvar la vida tanto de la gata como de sus productos; cuando se hace a tiempo es perfectamente segura. La gata es anestesiada y los gatitos son extraídos a través de una incisión practicada en el vientre y que llega hasta la matriz, misma que después se sutura sin problemas, dejando a la madre apta para alimentar y cuidar a sus cachorros.

Cistitis: Se trata de una inflamación de la vejiga, normalmente causada por una infección bacteriana y es más común en las hembras que en los machos. Los síntomas de la cistitis es la frecuencia del orinado, aunque produciendo sólo unas gotas cada vez. Frecuentemente junto con la orina arrojan sangre, lo que evidentemente es muy doloroso; se pueden percibir otros signos de enfermedad, como letargia y temperatura alta. En estos casos el procedimiento adecuado es la administración de antibióticos.

Coccidiosis: Ésta es una enfermedad relativamente rara y su origen es la infección de microorganismos protozoicos, que se instalan en el estómago y producen diarrea (muchas veces con evacuaciones de sangre), pérdida de peso y un estado general de anemia. Ésta es una condición grave y deberá tratarse por un veterinario.

Collar isabelino: Es un aditamento parecido a la pantalla de una lámpara que se coloca sobre la cabeza del gato para evitar que se rasque la cabeza o las orejas; en el caso de estar siendo tratado de alguna afección de la piel en esas partes, éste es un implemento necesario para que el gato no interfiera con su curación. Se pueden adquirir en las tiendas para animales o fabricarlo caseramente con algún material resistente, formando un cono cuya parte más estrecha se ata al cuello del gato y la parte ancha rebasando las orejas y la boca, de manera que él no se pueda alcanzar con sus uñas, pero tenga la apertura suficiente para comer y beber. El gato no deberá dejarse en libertad mientras porta este aditamento.

Collar isabelino

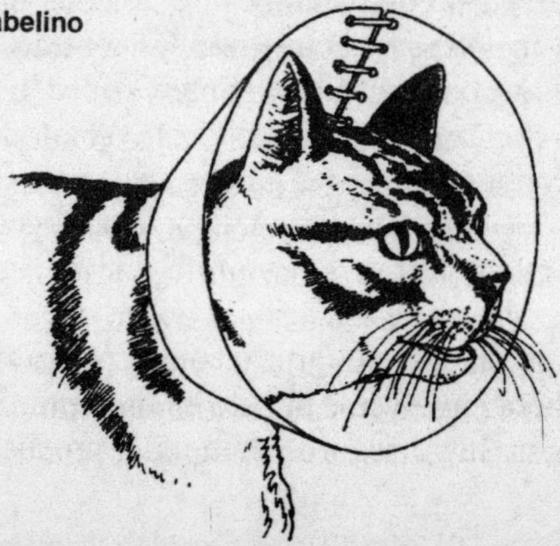

Coma: Es un estado de profunda inconsciencia en el cual el gato no responde a estímulos externos. El gato respira agitadamente y su corazón late con fuerza, pero hay una anulación de reflejos. El coma es un estado terminal, normalmente causado por un fuerte golpe que ha dañado el cerebro o una fiebre muy alta producto de una infección, por calor o frío extremo, por diabetes, ingestión de drogas o venenos, o la inhalación de humos tóxicos, tales como el monóxido de carbono. Un gato en coma requiere la intervención inmediata de un veterinario y el tratamiento depende de la causa. El animal seguramente necesitará respiración artificial y tal vez técnicas de resuscitación.

Conjuntivitis: Es una inflamación de la membrana mucosa que cubre el ojo (*conjuntiva*), que se torna rojiza y se presenta lagrimeo. Normalmente es el efecto de la presión que el propio gato ejerce sobre sus ojos con el torso de sus patas cuando se limpia, transmitiendo de esa manera la bacteria que causa la infección. Ésta es una condición asociada al llamado *Síndrome respiratorio felino*. El gato deberá ser auscultado por un veterinario y probablemente necesite antibióticos o solamente gotas en los ojos, lo que no es fácil de aplicar al gato, por lo que se necesitan dos personas.

Convulsiones: Se trata de contracciones involuntarias, rápidas y espasmódicas, que normalmente se producen en estado de inconsciencia. Las convulsiones comienzan siendo un ligero temblor seguido por marcadas contracciones de algunos músculos, con lo que el animal se colapsa y comienzan las contracciones violentas. Los músculos que controlan los esfínteres pueden relajarse, con lo que se libera excremento y orina, la salivación del gato también puede ser muy abundante. Si el gato se encuentra en una superficie dura o junto a muebles angulosos, deberá protegerse con toallas o mantas para evitar lesiones. Es preferible no interferir con los movimientos, o tratar de frenarlos, a no ser que el gato se encuentre en una posición muy peligrosa, como encima de una barda. En este caso, deberá envolverse al gato en una frazada y llevarlo con cuidado hasta un lugar seguro y tranquilo, procurando que el ambiente sea de penumbra y no existan ruidos estridentes. El episodio convulsivo no tarda más de quince minutos y cuando el gato vuelve en sí parecerá mareado, asustado y su visión no será la normal, por lo que no debemos cargarlo o acariciarlo, sino conservarlo en una atmósfera de tranquilidad reforzada por la presencia de sus dueños, mientras llega el veterinario. Muchos gatos reaccionan con ataques de pánico una vez que regresan del estado convulsivo, se esconden bajo algún mueble y chillan agresivamente cuando se acerca cualquier persona. Si las convulsiones no pasan del todo nos encontramos ante un caso grave conocido como *status epilepticus*.

Las convulsiones no son comunes en gatos, sin embargo, se pueden presentar algún día a consecuencia de la ingestión de algún veneno, lo que es una reacción violenta pero transitoria. En otros casos se producen por inflamación del cerebro, las meninges o el hígado, deficiencia de vitamina B (*tiamina*). En el caso de las hembras puede producirse por falta de calcio en la sangre, normalmente cuando está recién parida. En muchas ocasiones la causa no es identificada, pero existen medicamentos para controlar los estados convulsivos en sí mismos y es conveniente recurrir a ellos.

Criptococo: Es una rara enfermedad producida por hongos que afecta a los gatos en algunas partes de Estados Unidos y que produce problemas respiratorios y del sistema nervioso.

Criptorquidismo y monorquidismo: Es una enfermedad que afecta a uno o ambos testículos, los cuales no bajan hasta el escroto cuando llega su tiempo y se mantienen en el abdomen. En estos casos, antes de intervenir, el veterinario observará durante algún tiempo la evolución del caso; pero si no sucede de manera normal, procederá a ubicar los testículos por medios quirúrgicos, lo que es necesario por dos motivos: primero, porque se afecta la sexualidad del gato, y segundo, porque un testículo en situación anómala tiene más probabilidades de desarrollar cáncer.

Deshidratación: El gato bebe líquidos para compensar la pérdida por la orina, defecación y transpiración. Si en algún momento su organismo no es apto para compensar el déficit, pronto presentará signos de deshidratación, lo que se detecta por la disminución de la elasticidad cutánea, por lo que si presionamos una pequeña porción de su piel, el pellizco seguirá marcado por un tiempo anormal. También se nota la resequedad en su nariz y en su boca. El gato se muestra pasivo y molesto; aunque si la deshidratación es el producto de otras enfermedades se asocia a otros síntomas, como el vómito o la diarrea, que significa la presencia de una infección estomacal y necesariamente produce deshidratación. Sin embargo, se debe ser cauteloso al proporcionarle agua al gato en caso de que parezca enfermo, pues la deshidratación en sí misma es una condición seria, por lo que se deben investigar sus causas y diseñar el tratamiento adecuado; un gato deshidratado puede necesitar hospitalización y proporcionarle sueros por vía intravenosa para salvarle la vida.

Desórdenes de las uñas: Muchas veces los gatos atoran sus uñas y su tendencia es a jalar con fuerza para liberarse, con lo que la uña puede romperse y ocasionalmente arrancarse de raíz, lo que resulta sumamente doloroso para el gato, además de que se pueden producir serias infecciones. A pesar de que no se produzcan rupturas o daños graves en las uñas, es frecuente que en la base de ellas se formen abscesos, debido a la constante exposición de las uñas con la suciedad. Una frecuente revisión nos dará la pauta para dar un tratamiento casero a esta clase de infecciones. Cuando el gato parece tener problemas para caminar, es posible que la infección sea ya severa o que tenga una malformación que no es tan rara y que consiste en el desarrollo de vestigios de dedos supernumerarios debajo de las uñas normales, por lo que las patas del animal se deforman y no puede ejecutar las funciones normales de sus dedos y sus uñas; en estos casos deberán eliminarse esas formaciones por medio de cirugía.

Desórdenes del hígado: Las enfermedades del hígado son poco frecuentes en los gatos, pero cuando se producen se presenta diarrea, vómitos, pérdida de apetito, y por tanto, de peso, crecimiento del vientre a consecuencia de la retención de líquidos. Los desórdenes del hígado generalmente se encuentran asociados a otras enfermedades, entre las que destacan la anemia infecciosa felina y la diabetes mellitus. Cuando el hígado se ve afectado a consecuencia de otras enfermedades, el veterinario debe ser muy cuidadoso en el tipo de medicamentos a emplear, pues el metabolismo químico del animal se encuentra alterado.

Dermatitis: También llamado "eczema", se trata de una inflamación en zonas de la piel que no parecen ser causadas por la presencia de parásitos, por lo que se considera una reacción alérgica pasajera, pero en este caso el principal problema es el daño que el propio gato se infringe al rascarse con violencia, pues siente mucha picazón. Muchos gatos son alérgicos a las moscas y constantemente sufren de alteraciones de la piel, que en este caso se llama "dermatitis militar" y no tiene cura propiamente dicha, sino solamente prevención, rociando al gato con ciertas sustancias que alejan a las moscas.

Diabetes mellitus: Es un desorden grave y raro en gatos jóvenes, pero llega a presentarse en gatos maduros o viejos. Este tipo de diabetes es resultante de la incapacidad del páncreas para metabolizar el azúcar, por lo que ésta se acumula en la sangre y la orina; el origen es una falla de la hormona llamada "insulina" y algunos de sus síntomas son una sed excesiva y frecuente orina en la que, al analizarse, se encuentra una cantidad anormal de azúcar. Al principio se incrementa el apetito, pero en vez de aumentar de peso el gato lo pierde. Si se mantiene sin tratamiento, el animal llegará a mostrarse verdaderamente enfermo; en esta etapa se presenta falta de apetito, vómito, deshidratación, letargo y un olor agridulce en el cuerpo del gato y sobre todo en la orina, que resulta de la presencia de sustancias llamadas *ketones*. Si la enfermedad progresa, el gato entra en estado de coma, como resultado de una crisis metabólica que tiene su origen en una acumulación intolerable de azúcar en la sangre. En esta condición de suma gravedad, el gato necesita una urgente intervención que pudiera salvarle la vida.

Tanto en los gatos como en los perros, la diabetes sólo puede ser controlada con inyecciones diarias de insulina, lo que obviamente representa un gran compromiso para los dueños y no representa la curación definitiva del animal, sino solamente un paliativo que le puede dar una calidad de vida aceptable. En estas circunstancias es de considerarse la opción de ponerlo a dormir definitivamente; pues hay que considerar también que el cuidado en la dosificación de la insulina es algo muy delicado, pues la merma o el exceso puede causar reacciones contrarias, conocidas como *hipoglucemia*, o sea, una baja drástica de los niveles de azúcar en la sangre, con lo que el gato presentará síntomas parecidos a los del coma diabético. Cualquier dueño de un gato que tenga razones para sospechar la presencia de diabetes en su mascota debería consultar a un veterinario de inmediato.

Diagnóstico: Al igual que en la medicina humana, el veterinario normalmente realiza una serie de pruebas para llegar a un diagnóstico acertado respecto de algún problema en particular. Dependiendo de la naturaleza de los síntomas es el tipo de pruebas que podrían llevarse a cabo; pero las comúnes son el análisis de sangre, orina, heces u otras secreciones en las que se realizan cultivos bacterianos. Pruebas más especializadas son las radiografías, ultrasonido o las biopsias, que se realizan para determinar la naturaleza de los tumores. Cuando las pruebas pueden ser dolorosas o estresantes para los gatos, es aconsejable que se realicen bajo anestesia general.

Diarrea: Es el desalojo de heces demasiado blandas o semilíquidas. Al igual que en los humanos, la diarrea puede tener diferentes causas, como la simple "indigestión" por exceso de alimento, o la ingestión de comida demasiado condimentada, en cuyo caso sólo hay que esperar. Pero la diarrea también es un síntoma de infecciones estomacales, generalmente producidas por parásitos. En el caso de los cachorros muy pequeños, la diarrea es un desorden grave y requiere atención inmediata por parte de un veterinario. En los gatos adultos es conveniente esperar y combatirla con remedios caseros, como la simple supresión de la comida durante veinticuatro horas, durante las cuales sólo se le ofrecerá agua. Al segundo día se le puede dar pequeñas cantidades de pescado o pollo cocido, si la diarrea ha cesado el gato puede reasumir su dieta al tercer día, pero si no se detiene o incluso se incrementa es necesario consultar al veterinario.

Disfunciones respiratorias: Los problemas respiratorios son bastante comunes en los gatos y en todos los casos deberán ser investigadas por un veterinario para identificar las causas. En muchos casos se trata de "bronquitis felina" producida por parásitos internos, pero en otros casos se trata de tumores o problemas cardíacos, cuyos síntomas pueden confundirse con un simple catarro.

Disfunciones cardíacas: Los gatos sufren de enfermedades del corazón similares a las humanas, lo que tiende a ser más común en edad avanzada. Estos desórdenes tienen diferentes características, pero en general se trata de un crecimiento anormal del músculo cardíaco (*cardiomiopatía*), más que el adelgazamiento de las arterias, que es común entre los humanos. En la mitad de los gatos que sufren de esta enfermedad se forman coágulos en el corazón crecido, mismos que se incorporan al torrente sanguíneo y pueden producir oclusiones en las arterias, por lo que la circulación se altera severamente, con lo que aparecen fuertes dolores, alta de temperatura y baja del pulso; desprovistos de oxígeno, los músculos no son capaces de trabajar adecuadamente, al grado de que el gato no se puede incorporar. Desgraciadamente esta condición carece de cura y normalmente progresa hasta que se produce el fallo del corazón.

Dislocaciones: Se trata de un desplazamiento de los huesos a partir de la coyuntura que los une; los sitios comunes donde se produce son la cadera, mandíbula y rodillas. Una dislocación ocurre cuando se ejerce una fuerza excesiva sobre la juntura de los huesos, y en el caso de los gatos normalmente se produce por caídas o atropellamiento. La dislocación de la cadera es la más común y se presenta como efecto de una caída muy violenta. Desde luego, el gato se queja y camina con dificultad, notándose que una de las patas traseras parece más corta que la otra. Cuando la dislocación es en la quijada, el gato no puede morder y se nota la falta de coincidencia entre la dentadura superior y la inferior; en el caso de la rodilla, se percibe muy fácilmente que el hueso se encuentra fuera de lugar y el gato falsea al caminar. Puede darse el caso de que el gato tenga un problema congénito en los huesos, éstos símplemete se salen de sitio sin mayores fuerzas externas, por lo que el animal frecuentemente sufre dislocaciones; esta condición es frecuente en la raza "Devon Rex".

Muchas veces es difícil descubrir que el gato se encuentra dislocado, a no ser que sea evidente y muy grave; pero normalmente se trata de una ligera desviación que no es muy notoria y la actitud del gato se interpreta como un dolor de estómago o algo parecido; para no caer en estos errores, es conveniente observar con cuidado la manera como se desplaza el gato; seguramente él nos mostrará que se trata de una dislocación y dónde se encuentra. En este caso mantenga al animal quieto, de preferencia en una caja o jaula, no le dé nada de comer o beber y llévelo al veterinario. Si se descubre la dislocación, el veterinario procederá a anestesiar al gato para manipular los huesos y volverlos a poner en su lugar. No es conveniente que intentemos esta operación personalmente, pues podríamos dañar más al gato.

Dolor abdominal: El dolor de vientre puede tener numerosas causas y también muchos niveles de gravedad, por lo que el tratamiento tiene un amplio espectro de posibilidades. El dolor puede ser un síntoma de enfermedad infecciosa, simple indigestión, una bola de pelo en el estómago o la ingestión de un elemento no biodegradable. El gato muestra signos evidentes de molestia y dolor, no permite que se le cargue y cuando se toca su vientre huye o se queja, permanece acostado o duerme más de lo usual, rechaza la comida y suspende sus correrías usuales. Al observar esto, lo único que podemos hacer es esperar y aliviar un poco las molestias de nuestra mascota; para esto puede servir una botella llena de agua caliente sobre una manta amplia o en la cama del gato, lo que aumentará su confort al calentar su vientre; si el gato no da muestras de mejoría, es necesario llevarlo al veterinario para que haga las pruebas necesarias, como pueden ser los análisis químicos y rayos X. Si se prevé que se tenga que usar anestesia general no hay que darle nada de comer o beber desde unas horas antes.

Eclampsia (tétanos puerperal o "enfermedad de la leche"): Es una grave enfermedad que puede atacar a la gata inmediatamente después del parto y es causada por la deficiencia de calcio, pues este elemento es consumido en grandes cantidades durante la gestación para formar la estructura ósea de los fetos y, después del nacimiento, para la producción de leche. No existen medidas preventivas para esta enfermedad y lo único que puede hacerse es asegurarse de que la gata reciba una alimentación rica en calcio durante su embarazo y tal vez algún complemento recetado por el veterinario.

Edema: Es la acumulación de líquidos en el cuerpo, posiblemente bajo la piel, en las cavidades de los músculos o en los órganos; en estados leves se presentan como vejigas en la piel y son la respuesta ante una herida o excoriación; en casos graves se habla de *Hidropesía*, que es una enfermedad de consecuencias fatales si no se atiende a tiempo.

Electrocardiograma: Se trata de una técnica electrográfica que muestra las variaciones en la actividad eléctrica del corazón; se toma con un aparato especializado y es recomendable en casos de sospechas de desórdenes cardíacos.

Electroencefalograma: Se obtienen y grafican los datos de la actividad eléctrica del cerebro, por medio de un "encefalógrafo", es empleado cuando se sospechan afecciones en el cerebro del gato.

Encefalitis: Es una inflamación del cerebro que es una rara condición en los gatos y se encuentra correlacionada con graves enfermedades infecciosas, tales como la rabia.

Enfermedades simuladas: Es bastante común que el gato finja los síntomas de una enfermedad de la que ya se ha curado, para recrear las condiciones de cuidado y atención que tenía cuando realmente estaba enfermo. La única terapia para manejar esta situación es no hacerle caso cuando se encuentre actuando y, al contrario, mostrarle afecto cuando se comporta de manera distinta.

Entamoebiasis: es una rara enfermedad, causada por un parásito protozoario; es un problema que se circunscribe a las regiones tropicales.

Entropión: Se trata de una enfermedad de los ojos que se presenta principalmente entre los gatos de la raza persa, en los cuales uno o los dos ojos "se corren" hacia adentro, el esfuerzo del gato por mantenerlos en su lugar causa irritación y dolor. Sólo puede ser curable por medio de la cirugía.

Enteritis felina (*panleucopenia felinae*): Es una infección viral muy seria y sumamente contagiosa; desgraciadamente es común en todas partes del mundo. El gato puede contraer este virus ya sea directamente de otros gatos o por objetos que se encuentren contaminados. El agente infeccioso pertenece a la familia de los *parvovirus* y es extremadamente resistente, tanto que puede permanecer en estado latente por más de un año y el tratamiento es muy largo. Los síntomas comienzan a aparecer unos diez días después de la inoculación, comenzando con vómito, apatía, alta temperatura y diarrea, se presenta también un fuerte dolor abdominal y sed; en estados muy avanzados el gato se acerca al agua pero no es capaz de beber, pues sus reacciones neurológias se encuentran afectadas, por lo que rápidamente se deshidrata y la muerte sobreviene en pocos días. En caso de descubrir síntomas de esta enfermedad, se deberá acudir al veterinario de inmediato; el animal deberá ser hospitalizado y reforzado con sueros por vía intravenosa. Desgraciadamente no existen antibióticos para esta infección sino solamente métodos paliativos. La enfermedad causa una destrucción masiva de los glóbulos rojos, por lo que el gato requiere una transfusión, lo que en algunos casos puede producir una cierta recuperación, pero el gato queda dañado en su estómago e intestinos, por lo que la calidad de su vida será muy baja. Cuando una gata preñada es infectada, es inevitable el daño cerebral de los productos, quienes nacen vivos, pero fallecen a las pocas horas. Cuando ha habido un animal infectado en la casa deberá procederse a una completa desinfección, pero deberá retirarse cualquier otra mascota por un periodo mínimo de seis meses. Esta enfermedad no ataca a los humanos y afortunadamente existe vacuna para los animales, por lo que su incidencia ha bajado considerablemente.

Epífora: Se trata de una condición en la cual los conductos lagrimales de los ojos del gato se conectan de manera anormal con las mucosas de la nariz, produciendo un constante lagrimeo e irritación de los ojos; cuando hay una irritación o infección en las vías respiratorias fácilmente se contaminan los ojos. No se trata de una situación grave, pero sí molesta para el gato y sus dueños, generalmente se presenta sólo en animales de pedigree y especialmente en los de cara plana, como los persas. En la mayoría de los gatos el lagrimeo se presenta solamente como un correlativo del catarro o infecciones locales.

Envenenamiento: los gatos son menos propensos a consumir sustancias venenosas que los perros, pues poseen una gran sensibilidad para descubrir elementos dañinos en todo lo que ingieren. Sin embargo, ocurren muchos casos de envenenamiento en los gatos, principalmente por consumir ratas que han ingerido veneno o lamer sustancias tóxicas que han caído en su piel. Los gatos son más vulnerables a los efectos del veneno que otras especies, debido a que su hígado es relativamente ineficaz para procesar elementos químicos extraños. Algunas sustancias, especialmente aquéllas que contienen fenol, pueden ser respiradas o incluso absorbidas a través de la piel. Por supuesto, el grado de envenenamiento dependerá de la cantidad y el tipo de sustancia que ha recibido el animal. Algunos elementos domésticos pueden envenenar al gato, tales como limpiapisos que contengan lisol o fenol, ácidos limpiahornos o para destapar tuberías, o limpiadores de metales a base de sosa cáustica. Cuando el gato ha ingerido un elemento venenoso, primeramente se notan quemaduras en su boca, dolores estomacales, pérdida de fluidos y si el caso es grave entrará en estado de shock. Algunas sustancias, particularmente el fenol y lisol penetran a través de la piel y aun en pequeñas cantidades pueden causar un grave daño al gato, por lo que en caso de envenenamiento deberá llevarse de urgencia al veterinario para que se le proporcione respiración artificial y tratamiento cardiopulmonar.

Si se tiene la sospecha de que el gato ha sido envenenado con una sustancia corrosiva y se encuentra consciente, lave inmediatamente la boca con agua fría y trate de que el gato beba la mayor cantidad de agua posible, incluso utilizando un embudo o una jeringa sin aguja, procurando que no se produzca el vómito, pero diluyendo el ácido con la mayor cantidad posible de agua antes de llevar al gato al veterinario.

Si el pelambre del gato se encuentra contaminado con una sustancia venenosa (pintura, diesel, petróleo o algún solvente), nunca trate de removerlo con más solvente, detergente o desinfectante. Si se trata de un área pequeña, corte de raíz esa parte del pelo y lave la zona con mucha agua y un poco de shampoo. Si se trata de un área grande proceda a limpiar el cuerpo del gato con mantequilla o aceite comestible, tratando de remover la sustancia con toallas hasta que se considere que ha quedado libre de elementos tóxicos; en el caso de pintura es preferible esperar a que seque para cortar el pelo afectado. Durante el tiempo en que se está limpiando al gato es necesario evitar que se lama. Una vez frotado con las sustancias grasosas habrá que bañar al gato con agua caliente y shampoo.

En caso de estar seguros de que el gato ha ingerido alguna sustancia que no es corrosiva y se encuentra consciente, es conveniente provocar el vómito; esto se puede lograr introduciendo agua muy salada en la boca del gato y obligarlo a tragarla; si esto no produce resultados habrá que proceder como en los humanos, produciendo un cosquilleo en lo más profundo del paladar, normalmente se produce el vómito.

Los síntomas de ingestión de veneno incluyen el dolor abdominal, diarrea, vómito, problemas respiratorios y neurológicos, tales como parálisis, convulsiones, colapso o coma. Cualquiera de estos síntomas es lo suficientemente serio como para acudir de emergencia al veterinario, incluso si no los asociamos con la ingestión de tóxicos.

El mejor medio de prevenir un incidente de envenenamiento es mantener cualquier sustancia tóxica lejos del alcance del gato y tener cuidado con los productos que se usan para el aseo de los pisos. Hay que tomar en cuenta que la mayoría de las medicinas humanas pueden ser venenosas para los gatos; incluso la aspirina común puede ser muy dañina para ellos. También se debe tener cuidado con los insecticidas que se usan en las plantas; cuando se tenga que usar un producto peligroso hay que mantener alejado al gato, él acostumbra comer hierbas, por lo que es conveniente tener una maceta especial para el gato, totalmente libre de químicos.

Estravismo: Esta condición de "ojos cruzados" ocurre principalmente en razas que se consideran muy finas, particularmente en los siameses.

Eutanasia: Existen situaciones en las que la medida más humanitaria que podemos tomar es poner al gato "a dormir", como dicen los veterinarios eufemísticamente. En un sentido médico esto sólo se debe hacer cuando existe la seguridad de que no hay cura para la enfermedad del gato y su calidad de vida será miserable en adelante. El método usual es la inyección de una sobredosis de anestesia, con lo que el gato pasa de un estado inmediato de inconsciencia a una muerte pacífica.

Estrés: Es sabido que los gatos sufren de estrés, ansiedad e inseguridad, lo que normalmente se manifiesta en cambios de conducta y algunos síntomas físicos, tales como el vómito. Las causas del estrés pueden ser variadas, como un simple cambio de casa, el haber sido dejado en una gatera o la llegada de una nueva mascota a la casa. El tratamiento no puede ser otro sino el reforzarle la seguridad de que no ha perdido el afecto de sus dueños.

Exposición al sol: Es un problema raro en gatos, pero en lugares con demasiado sol, algunos animales pueden sufrir quemaduras en el interior de las orejas o en el abdomen, por lo que en las estaciones calurosas o en paseos al aire libre es conveniente proteger esas áreas sensibles con alguna crema de las que inhiben la acción quemante del sol.

Favus: Se trata de un parásito que enferma a las ratas; los gatos lo reciben de ellas cuando las cazan pero no les produce ninguna reacción; sin embargo, se convierten en portadores y esto representa un peligro para los seres humanos, en quienes sí produce una infección, por lo que es conveniente descubrirlo en el gato y eliminarlo, sobre todo en los gatos que tienen una actividad "de riesgo", como es la cacería de ratas.

Fiebre: La temperatura de los gatos es tomada insertando con suavidad un termómetro en el recto; la temperatura normal en esa zona es de 38.5°C, lo que es un parámetro que nos permite descubrir aumentos significativos de temperatura, lo que se asocia con una enfermedad, generalmente infecciosa. Una constante variación de temperatura es anormal, por lo que si sucede en un periodo largo deberá consultarse al veterinario.

Fiebre del heno: Es una enfermedad muy común en los gatos y su sintomatología es parecida a la que ocurría entre la gente cuando se presentaba esta enfermedad, como la epidemia durante la Primera Guerra Mundial. Se trata de inflamación de la boca y la garganta, incluyendo ulceraciones y dificultad para respirar. Si no es tratada a tiempo, los dientes se debilitan y comienzan a caer, infectándose también las encías y hasta la mandíbula. Normalmente se cura con antibióticos, pero el gato requiere una alimentación especial durante el tratamiento.

Gangrena: Se trata de muerte de los tejidos a causa de que la sangre no llega a ellos y carecen de oxígeno, o bien, por infección bacterial. Existen dos clases de gangrena: la "seca" y la "húmeda".

La seca es causada por la mala circulación de la sangre, por lo que la parte afectada se pone fría y después adquiere un color café que va oscureciendo hasta llegar al negro, con lo que se puede percibir una clara demarcación entre las zonas de tejidos vivos y los muertos. Por otro lado, la gangrena húmeda es causada por infección de los tejidos, por lo que existe putrefacción y emisión de fluidos de olor fétido. En este caso se presenta dolor y fiebre, por lo que debe intervenirse con rapidez para extirpar la zona dañada y administrar un tratamiento con antibióticos, ya que de otra manera la infección se extiende a todo el organismo a través del torrente sanguíneo y la muerte es inminente.

La gangrena se puede presentar en el gato a consecuencia de una herida o quemadura que no es tratada a tiempo, cuando se presenta el cuadro de gangrena la condición del gato puede considerarse grave.

Giardiasis: Es una enfermedad poco frecuente en los gatos; afecta al sistema digestivo y es causada por microorganismos protozoicos que también pueden atacar al hombre.

Gingivitis: Es una inflamación de las encías causada por la infección de la raíz de los dientes. Las encías se tornan rojas y se inflaman, produciendo molestias al gato. Esta infección no se extiende a otras partes del organismo, pero si no se le atiende oportunamente puede causar la caída de los dientes y abscesos en las encías que son muy dolorosos. Esta enfermedad puede ocurrir con independencia de otras, pero en muchos casos se encuentra asociada con la leucemia felina.

Glaucoma: Es un padecimiento causado por excesiva presión de líquidos dentro del ojo, generalmente se produce en gatos ancianos que previamente sufren de cataratas. Se puede corregir con cirugía especializada.

Glomerulonefritis: Se trata de una enfermedad en la que se altera el sistema inmunológico del gato, por lo que se convierte en vulnerable para cualquier otra enfermedad. Se puede detener un poco con una dieta rica en proteínas, pero desgraciadamente no hay cura y el mal progresará hasta un desenlace fatal.

Granuloma: Es un estado de cicatrización defectuosa que se produce en heridas cuando no se forman las costras protectoras. Estas heridas, humedecidas por el mismo gato que se lame constantemente, permanecen abiertas y susceptibles de infección por mucho tiempo, lo que es una situación peligrosa. Lo prudente en estos casos es evitar que el gato lama en exceso su herida para permitir su cicatrización; esto se puede lograr con el llamado "collar isabelino" que se ha descrito aquí mismo.

Griseofulvin: Es un medicamento muy eficaz para el tratamiento de infecciones parasitarias en los gatos.

Halitosis: Es común que en los gatos viejos se manifieste el mal aliento, lo que normalmente es producto de desórdenes de los dientes y las encías. También en los cachorros que están perdiendo sus dientes "de leche" es frecuente que se presente mal aliento. En gatos de cualquier edad se puede producir un olor desagradable cuando el gato ha roído durante mucho tiempo algún hueso, lo que desaparece rápidamente. Pero en general un gato adulto y sano no debe tener mal aliento; si se presenta el caso y es reiterado probablemente se trate de abscesos o un tumor dentro de su boca, por lo que deberá recibir tratamiento.

Hematoma: Es una mancha azulosa o "moretón" que se forma en alguna parte del cuerpo a consecuencia de una hemorragia interna. Los hematomas se pueden formar en la piel cubierta por la pelambre del gato, por lo que será muy difícil descubrirlos, normalmente desaparecen solos por acción de las defensas del gato, pero pueden convertirse en un problema si el gato se rasca constantemente en esa zona y se produce una excoriación externa, lo que puede dar lugar a una infección.

Hipotermia: Se produce en gatos que han estado expuestos a un intenso frío; al igual que en los humanos puede producir primero entumecimiento de la parte cartilaginosa de las orejas y los dedos, si la situación permanece puede producirse la muerte de esos tejidos. En casos de entumecimiento de las partes descritas deberá aplicarse agua tibia, nunca caliente, en las partes afectadas y masajearlas hasta que el gato recupere su sensibilidad; si esto no sucede habrá que llevarlo al veterinario.

Infección del corazón (*Dirofilaria immitis*): Es una infección de parásitos internos que se alojan precisamente en el corazón, se considera que se transmite por la picadura de mosquito y está circunscrita a algunas regiones de Europa, Estados Unidos y Australia. Produce malformaciones en el corazón y se extiende vía sanguínea a los pulmones, que es cuando se detecta, pues el gato presenta problemas respiratorios.

Infección retroviral: Los retrovirus causan infecciones de menor importancia, como problemas respiratorios y conjuntivitis, pero en estados que no se consideran graves y que no progresan hasta alcanzar un estado de enfermedad seria.

Infección en los ojos (*Thelazia californiensis*): Es un parásito que afecta a los gatos solamente en la parte sudoeste de Estados Unidos; se cree que procede de los venados que habitan en las zonas boscosas y se transmite por el viento, principalmente afecta los ojos y causa una conjuntivitis dolorosa. La única manera de tratar esta infección es removiendo las partes afectadas con procedimientos quirúrgicos.

Ingestión de objetos: Los gatos, en especial cuando son jóvenes, acostumbran jugar con objetos pequeños y ocasionalmente los tragan por accidente. Cuando se trata de pedazos de hueso el problema es menor, pues se trata de elementos biodegradables y aunque produce molestias, tarde o temprano será digerido por el animal. Sin embargo, tanto en este caso como en otros, el objeto puede "atorarse" en la traquea del gato y producirle un estado de asfixia, lo que es muy evidente en la conducta del animal, que hará esfuerzos por arrojar el objeto extraño; si no lo consigue, debemos intentar ayudarlo, para lo cual tenemos que colocarlo de espaldas en una mesa y abrir su boca lo más posible para introducir unas pinzas o dos cucharas por la parte del mango para localizar el objeto en su garganta y tirar de él hasta sacarlo. Desde luego no es fácil que una sola persona haga esta operación, pues el gato se defenderá, por lo que lo ideal es que intervengan dos personas.

Si el objeto tiene la dimensión adecuada para ser tragado, lo más probable es que también sea arrojado junto con las heces; pero desgraciadamente eso no siempre sucede y el objeto causará una taponadura en el intestino o el recto del animal, lo que le producirá fuertes dolores e incapacidad para defecar, situación que resulta sumamente peligrosa, por lo que habrá que llevarlo al veterinario para que se le tomen radiografías y los más probable es que se le tenga que practicar una operación para sacarle el objeto atorado.

Intoxicación por menta: Por alguna razón, la planta de la menta (*Nepeta cataría*) es muy atractiva para los gatos, pero para ellos funciona como una droga, pues produce alteraciones de conducta. Cuando se ingiere en mucha cantidad se produce un estado de intoxicación que puede ser peligroso y debe ser tratado como un caso de envenenamiento. En muchos casos, el aroma de la menta se agrega a comida o juguetes para gatos, lo que los hace atractivos y no representa un peligro.

Laparotomía: Es un término médico para designar a la operación de insertar un instrumento en el cuerpo del gato con objeto de tomar muestras o explorar un área; desde luego, esto se hace bajo anestesia total.

Lepra felina: Es una rara condición en los gatos, se produce por la inoculación de una bacteria similar a la de la tuberculosis y produce una visible alteración de la textura de la piel, por lo que puede confundirse con la sarna o "roña".

Leucemia felina: Es una de las causas más comunes de muerte en los gatos y es causada por un virus que es específico de los mismos (FeLV); de hecho, no es equiparable a la leucemia que ataca a las personas o a los perros, puesto que tiene una causa totalmente diferente y sólo se transmite entre gatos. El virus en sí mismo no es tan peligroso sino sus consecuencias, pues causa cáncer en forma de tumores malignos conocidos como "linfomas", que se producen en los tejidos límbicos y se extienden a la glándula del timo y de ahí a todo el sistema nervioso. Los síntomas son variables dependiendo del avance de la enfermedad, pero incluyen pérdida de apetito y de peso, fiebre, dificultades para respirar y deglutir, diarrea y anemia, siendo éste último el signo más evidente y más grave, pues se altera el sistema inmunológico, la médula espinal, y por tanto, la producción de glóbulos rojos, con lo que se producen otras enfermedades.

El método de diagnóstico es relativamente sencillo, pero desgraciadamente no existe cura para esta enfermedad y la mayoría de los gatos mueren entre uno y dos años, teniendo una calidad de vida aceptable con los métodos paliativos que existen. Actualmente se desarrolla una vacuna contra este mal que muy probablemente hará que desaparezca en el futuro.

Listeriosis: Es una infección bacteriana crónica que difícilmente aparece en gatos y se puede controlar, manteniéndose en estado latente. Los síntomas son parecidos a los de muchas otras infecciones, pero es importante identificar la bacteria pues el tratamiento no es el mismo.

Mal aliento: *ver* **Halitosis**.

Manchas en los ojos: Mucha veces podremos notar pequeñas manchas en el rabillo de uno o los dos ojos del gato; se trata de pequeñas formaciones rosadas, lo que normalmente es una situación pasajera, pero en ciertos casos se agrandan o invaden el ojo, lo que significa que el gato sufre deshidratación o irritación específica de los ojos, por lo que es prudente consultar al veterinario.

Mareo: Es muy común que los gatos sufran de mareo cuando se les transporta por largo tiempo en el auto. Normalmente el animal se encuentra demasiado quieto y posteriormente puede vomitar; esto es causado por la alteración de los órganos del equilibrio que se encuentran en el oído interno. No se le debe dar nada de comer o beber cuando se encuentre mareado o en general durante un viaje. Algunos gatos son más propensos al mareo, por lo que es preferible darles un sedante cuando se les lleva de viaje para que duerman la mayor parte del tiempo.

Mastitis: Es una inflamación de las glándulas mamarias que se produce en las gatas lactantes. Su tratamiento se ha desarrollado en el texto del presente libro.

Meningitis: Es una inflamación de las membranas en las glándulas llamadas "meninges", que van de la médula espinal al cerebro. Es una enfermedad rara en los gatos.

Metritis: Es la inflamación de la matriz producida por una infección inmediata al alumbramiento; se trata de una situación tan grave que puede poner en peligro la vida de la madre y consecuentemente la de los cachorros. Los síntomas son la pérdida de apetito, letargo, poco interés en el cuidado de los bebés, altas temperaturas y flujo vaginal, frecuentemente con rastros de sangre y un olor desagradable. Una gata en estas condiciones debe ser atendida de inmediato.

Micetoma: Se trata de una forma de infección específica de algunas regiones de Estados Unidos, es causada por hongos y produce tos, fiebre y pérdida de peso.

Micoplasma: Es una bacteria que se encuentra asociada, como enfermedad secundaria, en algunos casos de enfermedades respiratorias. En el caso de las madres gestantes puede producir aborto.

Mordeduras: La mayoría de los gatos reciben mordeduras de vez en cuando, ya sea por sus peleas con otros gatos o por ratas que se defienden de su ataque. Cuando se trata de heridas superficiales pueden ser tratadas en casa con alguna solución antiséptica; pero cuando son profundas requieren atención veterinaria, pues siempre existe el riesgo de formación de abscesos, con lo que se extiende la infección. Aunque puede parecer raro en los medios urbanos, es necesario indicar que el gato puede ser mordido o picado por animales venenosos, con lo que la mordedura se convierte en un caso de intoxicación y se debe proceder en consecuencia.

Mutilación: Las mutilaciones pueden proceder de accidentes en la actividad del gato y han sido tratadas en otros apartados de este libro; pero es muy común que sea el gato mismo el que se automutila cuando se rasca con demasiada violencia, sobre todo en las orejas, pues probablemente se encuentra infectado por parásitos en los oídos, por lo que el gato llega a desprenderse partes del cartílago de las orejas. Independientemente del tratamiento que se esté llevando, y precisamente para favorecerlo, es conveniente usar el llamado "collar isabelino" que ya hemos descrito.

Neumonía felina: Es una inflamación de los pulmones resultante de una infección que produce fuidos internos. En los gatos normalmente se encuentra asociada a otras infecciones. Sus síntomas son dificultades en la respiración, fiebre y pérdida del apetito. Puede llegar a ser una enfermedad grave si no se le trata a tiempo, por lo que debe tratarse con antibióticos. Mientras dura el tratamiento el gato debe permanecer en lugares tibios y no exponerse al aire frío.

Nistagmus: Se manifiesta como movimientos rápidos e involuntarios, las pupilas se mueven constantemente. En los gatos se produce a consecuencia de un fuerte golpe en la cabeza o por infección del oído medio.

Nocardosis: Es una rara infección de los gatos que produce inflamación de los pulmones y causa problemas respiratorios, por lo que fácilmente se confunde con la neumonía, pero su tratamiento es diferente.

Otitis externa: Se trata de una inflamación de los oídos en los que se produce la secreción de un líquido maloliente. Normalmente se produce por la presencia de parásitos externos, aunque otra posible causa, especialmente en los gatos viejos, es la formación de un tumor en el oído.

Paladar hundido: Se trata de una enfermedad relativamente común y es de origen congénito, pues se manifiesta una malformación en el paladar durante la gestación, de manera que existe una comunicación entre la boca y las cámaras nasales. Esta situación puede ser peligrosa, sobre todo en los lactantes, pues algunas cantidades de leche pasan a los pulmones y los contaminan, por lo que normalmente los bebés con paladar hundido no son viables; si es el caso de que sobrevivan y comiencen a crecer normalmente, será necesario corregir esta malformación por medios quirúrgicos.

Parálisis: Es una condición en la cual los músculos pierden la sensibilidad y el movimiento, lo que generalmente es consecuencia de un daño cerebral, de la médula espinal o de un nervio en particular, que es el caso más benigno y se llama "parálisis radial". Si los nervios afectados no pueden ser restaurados, la única opción es la amputación del miembro afectado, pues de otra manera se producirá gangrena por falta de circulación, con lo que se salva la vida del gato, pero obviamente baja considerablemente su calidad de vida. La parálisis se presenta con mayor frecuencia en la cola, a causa de accidentes que lesionan los nervios de la misma, que se encuentran muy expuestos, la amputación de la cola puede resultar menos traumática que la de una pata, pero de cualquier manera habrá que considerar la opción de "ponerlo a dormir", en vez de darle una vida inadecuada.

Parásitos anulares: Es una infección muy común en los gatos de todas partes y se concentra en el pelo del animal y en su piel, pasando de ahí a otros animales o al ser humano. Se trata de una infección de hongos llamados *Microsporum canis* y se les llama "anulares" porque producen manchas circulares en la piel que van creciendo a medida que se extiende la infección. Los gatos jóvenes son más susceptibles a contraer esta enfermedad debido a que su sistema inmunológico no se encuentra todavía desarrollado al máximo.

Cuando existe la sospecha de que el gato tiene este tipo de infección, el diagnóstico resulta muy fácil y acertado, pues estos parásitos se identifican con la luz ultravioleta, dando una coloración específica. Cuando se le descubre, la única opción es comenzar el tratamiento, pues como ya se ha dicho esta enfermedad es contagiosa y ataca al hombre, lo mismo que a otros animales de la casa. Es necesario proceder a un saneamiento general de la casa y el gato debe ser aislado durante el tratamiento, el manejo del gato deberá ser siempre con guantes de hule, lo mismo que sus implementos, que deberán ser desinfectados con mucha frecuencia.

Pelo en los intestinos: Cada vez que el gato se lame para limpiarse, algunos pelos son ingeridos, esto es inevitable y no representa mayor problema; pero en los gatos de pelo largo y que sufren de estreñimiento pueden crearse acumulaciones de pelo en el estómago o los intestinos y alcanzar un tamaño tal que ya no pueden ser arrojados por la vía normal. Cuando se crea una taponadura de este tipo la única solución es extraerla por medios quirúrgicos y bajo anestesia general.

Peritonitis felina: Es una enfermedad de los gatos que tiene un origen viral y fue descubierta hace apenas 35 años, desafortunadamente su incidencia va creciendo y se presenta con mayor frecuencia en gatos menores de tres años, especialmente en aquéllos que conviven con otros gatos, por lo que se cree se trata de un virus existente en muchos gatos que son solamente portadores y sólo se manifiesta en aquéllos que tienen un sistema inmunológico deficiente o que se encuentran débiles.

Picaduras de insectos: Los gatos se encuentran expuestos a picaduras de toda clase de insectos debido a que acostumbran jugar a la cacería con ellos; en el caso de las abejas es muy común que el gato sea atacado cuando las acosa, lo que puede ser peligroso si se trata de varias abejas, pues ellas inyectan un veneno en donde insertan su aguijón. Normalmente el gato se queja, pues la picadura le produce un gran dolor; si localizamos el sitio de la picadura notaremos una protuberancia rojiza, cuando encontramos esta marca lo que debemos hacer es remover con unas pinzas de depilación el pequeño aguijón que ha dejado la abeja, pues éste se desprende de su cuerpo y es lo que con el tiempo puede producir una infección. Muchos gatos son resistentes a la ponzoña de la abeja, pero otros son sensibles o presentan reacciones alérgicas, si éste es el caso, el gato presentará síntomas de envenenamiento, caracterizado por hinchazón de la lengua, dificultad para respirar y más tarde puede producirse un *shock anafiláctico*, por lo que desde los primeros síntomas debemos llevarlo de urgencia al veterinario, pues su vida peligra.

Pigmentación anormal: Es una condición que se caracteriza por la presencia de una cantidad excesiva de pigmento de bilis (*bilirubina*) en la sangre, lo que revela tina disfunción del hígado, pues la bilis pasa a la sangre en vez de a los intestinos, manifestándose como una coloración anormal en la piel y en las partes blancas de los ojos, que se ven amarillentas, las posibles causas de esta enfermedad son la anemia, diabetes mellitus, envenenamiento o tumor en el hígado.

Piometra: Se trata de una infección en el útero que produce una secreción vaginal purulenta; desde luego se presenta solamente en las gatas y afortunadamente no es muy común. Además de la secreción vaginal se presentan estados letárgicos, baja de apetito y vómitos; puede tratarse con antibióticos y en algunos casos se requiere cirugía.

Pleurosis: Se trata de una inflamación de la pleura y las membranas que cubren los pulmones. Es una enfermedad grave que causa mucho dolor al gato y puede asociarse con la enfermedad respiratoria felina o con la leucemia; sus principales síntomas son una respiración muy rápida, a manera de jadeos, altas temperaturas y manifestaciones de agudos dolores. La atención médica es urgente, aunque desgraciadamente las probabilidades de salvar al gato son muy escasas.

Pústulas: Son protuberancias que aparecen en la piel y se encuentran llenas de fluidos y aparecen como una reacción ante pequeñas heridas, excoriaciones o quemaduras. Es muy frecuente que el gato mismo se produzca estas pústulas por la irritación que producen sus continuos rasquidos. Cuando se las descubre es conveniente drenarlas, expulsando la mayor cantidad de líquido, y después limpiar la zona con alguna solución antiséptica.

Rabia: Se trata de una enfermedad viral extremadamente grave que puede transmitirse a otros animales y a las personas. Una vez que se presentan los síntomas el desenlace es fatal, sin remedio. La transmisión más común es por medio de mordeduras de animales afectados, pues el virus se encuentra en la saliva, por lo que también puede adquirirse si la saliva toca alguna zona donde exista una herida o es respirada.

Afortunadamente ya es una enfermedad muy rara, pues tanto la gente como los animales son vacunados y esto produce un estado de inmunidad. En el caso de que se presente en un animal no vacunado, éste deberá ser puesto a dormir de inmediato y poner bajo observación a las personas o animales con quienes haya tenido contacto.

Un gato con rabia pasa por tres etapas y los primeros síntomas pueden aparecer en un periodo de uno a cuatro meses después de haberse adquirido el virus; el primer momento se llama "prodrómico" y dura solamente un par de días; se caracteriza por un cambio en la conducta del animal, parece demasiado temeroso y se oculta debajo de los muebles. La segunda etapa comienza con estados de euforia y gran excitación, por lo que se le llama "etapa fúrica"; en los gatos esto tarda unos cuatro días, durante los cuales ataca todo lo que encuentra a su paso y resulta incontrolable, hasta que entra en la última etapa, en la que comienza a paralizarse a partir de los cuartos traseros, por lo que se le llama "etapa de cojera". En esta fase se percibe una cambio del tono de su maullido, pues las cuerdas bucales también se encuentran en proceso de parálisis. Esta etapa no dura más de cuatro o cinco días y termina en convulsiones, estado de coma y la muerte.

Con los gatos vacunados no hay ningún problema, pero debemos tener cuidado con los animales callejeros o salvajes.

Rinotraquitis felina: También llamada "Influenza felina"; se trata de una infección viral que es una de las dos más graves enfermedades respiratorias de los gatos; es sumamente contagiosa, por lo que el gato en esta condición debe ser tratado de inmediato y aislado durante el proceso. Los primeros síntomas se presentan unos diez días después de inoculado el virus y consisten en pérdida de apetito, ojos llorosos, flujo nasal, estornudos, dificultades para respirar y probablemente úlceras en la boca; rápidamente se produce un estado de deshidratación, lo que es un momento realmente peligroso, sobre todo en los cachorros. Un gato que se ha recobrado de esta enfermedad se convierte en portador de ella, por lo que hay que tener cuidado con otras mascotas. Afortunadamente existe vacuna contra esta enfermedad y su incidencia es muy escasa.

Salmonelosis felina: Es una enfermedad poco común en los gatos, pero muy virulenta cuando se presenta. Sus principales síntomas son la diarrea (muchas veces con evacuaciones de sangre) y alta temperatura. Es posible que esta infección se transmita a los humanos, aunque es una situación extremadamente rara.

Sed: Hablamos de una sed anormal, lo que en todos los casos es síntoma de alguna enfermedad, por lo que es muy conveniente que el gato sea examinado.

Sedativos: Existe una variedad de circunstancias en las que es conveniente sedar al gato; sobre todo en los viajes largos o cuando se les coloca en jaulas especiales en los aviones. En todos los casos en los que el gato vaya a ser sometido a una situación estresante es conveniente evaluar las ventajas y desventajas de sedarlo.

Síndrome urológico felino: Es una seria enfermedad que afecta solamente a los machos y en la que se produce una cristalización de la orina que va adelgazando la uretra, o sea, el conducto del pene, la consecuencia es que el orinar se vuelve difícil y doloroso, el gato visita frecuentemente su arenero y se queja, cuando produce solamente una gotas. Esta enfermedad puede llegar a ser muy grave, por lo que debe tratarse de inmediato, ocasionalmente requiere cirugía.

Síntomas y manifestaciones del síndrome urológico felino

Lamer la uretra

Parece angustiado y quizá emita llanto

Postura encorvada — lomo encorvado y músculos tensos

Las patas delanteras verticales

Las patas traseras también se mantienen verticales

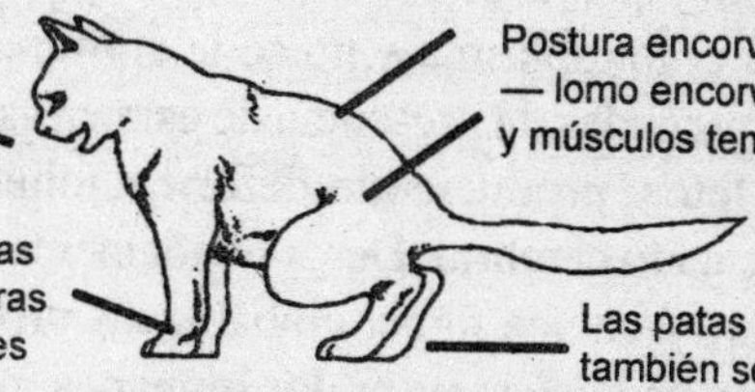

Posición tensa

Tetanus: Es una enfermedad infecciosa causada por la bacteria Clostridium tetani, puede adquirirse de diversas maneras, pero es extremadamente rara en gatos.

Transfusión de sangre: En algunos casos, particularmente serios, es conveniente proceder a una transfusión de sangre para procurar el reemplazo de glóbulos rojos. En casos más comunes se practica la transfusión para reponer la sangre perdida por una herida u operación quirúrgica.

Tratamiento ortopédico: Frecuentemente es necesario reparar fracturas en los huesos del gato, en la mayoría de los casos se procede como en las fracturas humanas, con inmovilización durante algún tiempo. En casos severos se restauran los huesos por medios quirúrgicos, añadiendo partes metálicas o suturas internas.

Toxoplasmosis: Es una enfermedad causada por un microorganismo llamado *Toxoplasma gondii* que completa su desarrollo y su reproducción en el organismo del gato, quien se convierte en su huésped definitivo. Como parte del parásito se expele por las heces, resulta una fuente de infección para otros animales. Una vez que se inocula, el organismo invade los tejidos musculares y más tarde se extiende a los pulmones, el corazón y los ojos. La infección puede avanzar con mucha rapidez o permanecer en estado latente mucho tiempo, dependiendo de la resistencia del gato, pero cuando éste se manifiesta enfermo, eso significa que la infección se encuentra en un estado avanzado y habrá que proceder a su tratamiento, que no es difícil, siempre y cuando se identifique plenamente el toxoplasma y no se le confunda con otros virus. En las gatas preñadas, la presencia de este virus puede afectar seriamente a los fetos, produciendo deformaciones congénitas y principalmente daño cerebral. Desgraciadamente el virus puede pasar al ser humano y en una mujer embarazada producir los mismos efectos, además de la ceguera en los humanos, por lo que las mujeres embarazadas deben tener el mínimo contacto con el gato o sus implementos, aunque es conveniente decir que en la mayoría de los casos la toxoplasmosis en humanos se adquiere de la ingestión de carnes que se consumen crudas o con escaso cocimiento.

Tumores: Se trata de un crecimiento anormal de los tejidos que ocurre en cualquier parte del cuerpo y forma una protuberancia. Se llama "tumor benigno" al que no presenta características cancerígenas y "maligno" al que sí las presenta. Los tumores benignos generalmente no representan un problema serio; pero la presencia del cáncer es diferente, aunque no necesariamente grave o fatal.

Úlcera: Existen dos tipos de úlceras, las internas y las externas; de las úlceras internas se ha tratado en otra sección de este libro; aquí nos referiremos a las externas, a las que se llama "ulceraciones". Se trata de "bolsas" que aparecen en la piel y se encuentran llenas de fluidos, aunque no deben confundirse con las pústulas, que son una reacción infecciosa. La ulceraciones son un síntoma externo de alguna forma de intoxicación, como pudiera ser la ingestión de aspirina, lo que es común, pues muchas personas creen que las medicinas humanas también sirven para los animales; pero lo que pasa es que el gato se envenena y uno de los signos externos es la aparición de ulceraciones, principalmente en su boca y lengua, donde sí se perciben, pero en su estómago también existen, por lo que es conveniente proporcionarle un tratamiento veterinario.

Vómito: Es una reacción defensiva en la que el estómago rechaza con violencia un contenido que pudiera ser dañino para el animal. El vómito es ordenado por el cerebro, pero a partir de la información que recibe del estómago. El vómito es frecuente en los gatos y en la mayoría de los casos no es síntoma de enfermedad propiamente dicha sino de un "desarreglo" pasajero, como puede ser la expulsión de una bola de pelo o un cierto malestar por indigestión. Los gatos provocan ellos mismos el vómito comiendo hierbas, lo que se cree que es una medida sanitaria "de rutina", por lo que el vómito en sí mismo no debe ser preocupante hasta que se le asocia con otros síntomas que pudieran revelar la presencia de una enfermedad.

A-Z DE PRIMEROS AUXILIOS PARA GATOS

Al igual que en las personas, la finalidad de los primeros auxilios para gatos es proporcionar una terapia urgente y suficiente para salvar una vida o evitar un mal mayor, por lo tanto se aconseja en las circunstancias en que:

1 El gato parece estar experimentando un gran sufrimiento.

2 La condición del gato pudiera llevarlo a una crisis rápida.

3 Pudiera morir sin ayuda inmediata.

Es natural que en la práctica no siempre podemos reconocer estas circunstancias y por lo tanto, es difícil determinar cuándo tenemos que actuar y cuándo podemos correr el riesgo de permitir que el tiempo corra hasta localizar al veterinario; sin embargo, siempre es posible hacer algo para aliviar en cierta medida el sufrimiento de nuestra mascota y aquí encontraremos algunas orientaciones que nos permitirán actuar con eficiencia.

Ahogo: La mayoría de los gatos odian el agua y, desde luego, no se aventuran a nadar, pero sucede que caen en un estanque o alberca y aunque los gatos, como todos los animales, hacen el esfuerzo de nadar, si no pueden salir con facilidad y se desesperan, pudieran respirar una cantidad de agua que pasa a sus pulmones y el gato llega a dejar de respirar, encontrándose en un estado de ahogo, por lo que si no se le da una ayuda inmediata, seguramente morirá.

Primeramente limpie con un paño la nariz y la boca del gato para remover mucosidades que pudieran estar causando taponaduras; después cargue al gato de su vientre, de manera que cuelgue su cabeza y muévalo hacia arriba y hacia abajo sin violencia, para que pueda expulsar el agua de sus pulmones. Si esto falla, coloque al gato en el suelo o una mesa sobre su lomo, procurando que su cabeza quede más abajo que su cuerpo, verifique si su corazón sigue latiendo y si es así, proceda a darle respiración artificial o resuscitación cardiopulmonar. Aunque el gato parezca recuperarse, existe el riesgo de que su situación se complique y caiga en estado de shock, lo que puede producirse un tiempo después, por lo que debe acudir al veterinario de inmediato.

Cola: En caso de una lesión, no intente vendar la cola del gato, a menos que se produzca una herida muy severa. En cualquier caso, no dé nada de beber o comer al gato y llévelo de inmediato al veterinario, porque es muy probable que se le tenga que intervenir quirúrgicamente y eso requiera anestesia general.

Costillas: Cuando se sospecha la ruptura o dislocación de una o varias costillas, lo primero que hay que hacer es envolver el lomo y vientre del gato con una toalla, con firmeza pero sin apretar, para no lastimarlo en caso de que una costilla se encuentre rota y no se interfiera con la respiración. En estas condiciones llevarlo al veterinario.

Estado de shock: El shock fisiológico es una falla circulatoria muy severa que se produce por algún traumatismo, heridas o enfermedades graves; como se trata de un estado que puede llevar a una muerte inmediata hay que proceder con rapidez.

Un importante indicador del shock es la palidez en todas las partes normalmente rojizas del gato, además de una gran agitación respiratoria y aumento del ritmo cardíaco, con lo que el gato cae en la inconsciencia y su temperatura baja, de manera que se percibe frialdad y rigidez en sus patas o sus mandíbulas.

El tratamiento de primeros auxilios consiste en acostarlo sobre una manta y taparlo con ella para producirle calor, dejando su cabeza fuera para que pueda respirar, después habremos de darle respiración artificial o resucitación cardiopulmonar. En cuanto el gato parezca recuperarse un poco debemos llevarlo al veterinario, siempre tapado con una manta.

Hemorragia: Una hemorragia externa es muy peligrosa si observamos que la sangre fluyente es muy roja y espesa, lo que indica que se ha roto una arteria, por lo que se debe actuar de inmediato, tratando de parar la hemorragia con un vendaje, de preferencia estéril y semielástico; pero en caso de que no se disponga de ese material, no hay tiempo para ir a la farmacia y habrá que desgarrar una sábana. Proceda a envolver la parte que se encuentra sangrando de una manera firme, pero no tanto que pudiera afectar la circulación de las partes aledañas a la herida. En caso de que se note que la venda no está funcionando directamente sobre la herida, habrá que seguir la línea de la arteria dañada hasta un lugar donde se pueda ejercer una mayor presión, o sea, las coyunturas, donde las patas del animal se unen con su abdomen; al presionar con fuerza en alguno de estos lugares descubriremos que el flujo de sangre se detiene, lo que significa que la arteria ha sido bloqueada y la sangre no corre hacia la herida; entonces habremos de vendar con fuerza en ese lugar, lo que hará las veces de "torniquete"; éste es un procedimiento de extrema urgencia, pues estamos deteniendo la circulación, por lo que no debe dejarse más de diez minutos; si tardamos más tiempo en recibir la ayuda médica, entonces habrá que aflojar el vendaje, permitir que la sangre fluya unos momentos y después volver a apretar.

Los oídos de los gatos son muy sensibles y una herida en esta región tiende a sangrar profusamente aunque no sea muy profunda; cuando esto suceda se deberá aplicar algodón o gasa absorbente en el lugar y presionar fuertemente con los dedos hasta que notemos que el flujo está controlado; dejando la gasa en su lugar procederemos a sujetarla con un vendaje que tendrá que circular por la cabeza y el cuello del gato.

Control de hemorragia severa

Pedir ayuda para sostener al gato y colocar el vendaje en el lugar de la herida

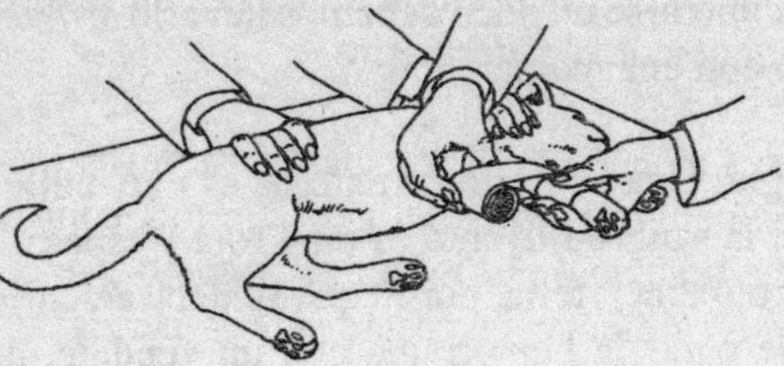

Si la sangre proviene de la nariz, no debemos intentar taponarla; lo primero que debemos hacer es colocar un trapo mojado en agua muy fría sobre el puente de la nariz para producir la vasoconstricción y con ello propiciar que disminuya o cese el flujo. Si esto no funciona, lo más probable es que la sangre provenga de una herida interna, lo que nos indica una condición mucho más grave que una hemorragia nasal, por lo que debemos acudir de urgencia al veterinario.

Es común que se desprenda totalmente la uña a consecuencia de un violento zarpazo, lo que produce un sangrado profuso, aunque no se trata de una herida grave, puede tratarse con una gasa desinfectada que presione el lugar afectado, bien sujeta con un vendaje.

Control temporal de hemorragia severa

Cuando se presente una hemorragia severa en pata, cola, cabeza o cuello, presionar con el dedo los puntos correspondientes

Cuando un gato es atropellado o sufre una violenta caída, se pueden producir hemorragias internas que ocasionalmente se canalizan por la boca o la nariz; si este es el caso, el gato se encuentra en una condición muy seria y probablemente caerá en estado de shock, por lo que habrá que cubrirlo con una manta y llevarlo de inmediato con el veterinario.

Heridas: Las heridas varían desde las leves hasta aquéllas que ponen en peligro la vida del gato. En todos los casos se corre el riesgo de infección, por lo que lo primero que debemos hacer es limpiar y desinfectar perfectamente la herida; si se trata de una herida profunda habrá que actuar como ya se ha descrito y no perder demasiado tiempo en la operación de desinfección, sino acudir rápidamente al veterinario.

Huesos rotos o dislocaciones: Esta clase de lesiones generalmente se producen por atropellamiento o caídas muy fuertes, en todo caso, se trata de un problema serio y muy doloroso para el gato, por lo que su conducta será defensiva y no es de esperarse que se deje manipular, por lo que habrá que acercarse a él con lentitud y hablándole con afecto todo el tiempo, hasta que estemos tan cerca que podamos prenderlo del cuello para evitar que huya; otra alternativa es atraparlo con una manta, tratando de lastimarlo lo menos posible. Una vez inmovilizado no queda más que hacer sino llevarlo al especialista para que sea atendido, sin darle nada de comer o beber, pues seguramente será anestesiado.

Lomo: La fractura del lomo es de las más serias, porque interesa la columna vertebral; si tenemos esta sospecha lo más adecuado es colocar al gato en una tabla larga y ponerlo de lado, procurando mantenerlo estirado para evitar que se mueva su columna, manteniéndolo en esta posición hasta que llegue el auxilio médico.

Obstrucción traqueal: Aunque es más común en los perros, no es raro que un gato trague un objeto que no acaba de pasar por su garganta y se queda atorado; normalmente se trata de un pedazo de hueso o parte de un juguete mordido. Ésta puede ser una situación peligrosa, pues se dificulta la respiración y el gato entra en un estado de desesperación. Lo ideal en estos casos es que existan dos personas para ayudar, pero de no ser así, es preferible envolver al gato en una toalla para inmovilizarlo, dejando solamente su cabeza fuera; trate de abrir sus mandíbulas lo más posible y si puede ver el objeto que causa la taponadura, trate de removerlo directamente con los dedos; si eso no es posible, inténtelo con unas pinzas o algún instrumento que no lastime al gato. Hay que actuar con rapidez y en ningún caso intentar empujar el objeto en vez de jalarlo. Al identificar el objeto definiremos la estrategia para jalarlo, pues si se trata de un hueso, podría tener estrías que desgarrarían la traquea del animal, por lo que deberemos proceder con mayor cautela que si se trata de trapo o esponja.

Abra la boca

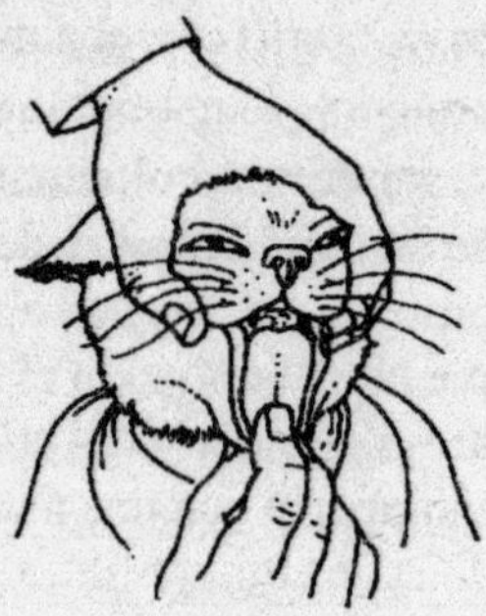

Saque el objeto

Sí lo anterior falla, habrá que asir al gato de sus patas traseras y balancearlo cabeza abajo, esperando que la gravedad y el esfuerzo del gato hagan el trabajo. Si esto tampoco resulta, coloque una mano en el lomo del gato, otra en su abdomen y presione con cierta fuerza, esto provocará un efecto de fuelle, por lo que la presión de aire puede hacer que el objeto sea expelido. Si esto no sucede y el gato continúa con problemas respiratorios y ya se encuentra inconsciente, intente la respiración artificial y resuscitación cardiopulmonar.

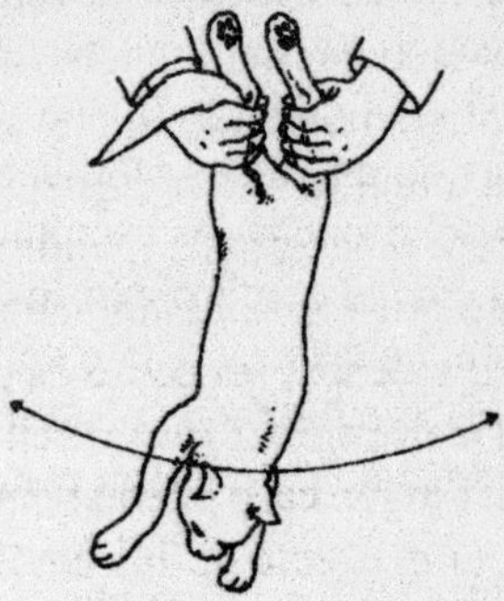

Sostenga al gato firmemente y muévalo suavemente de lado a lado

Patas: En caso de fracturas de las patas, trataremos de actuar con calma para que el gato no intente huir y se lastime más; es conveniente inmovilizarlo con una manta y después colocarlo yaciendo sobre su costado. No manipule sus huesos; si un hueso ha traspasado la piel, solamente coloque una toalla a su alrededor para que haya menos movimiento y acuda o llame al veterinario.

Quemaduras y raspones: Las quemaduras y los raspones producen los mismos síntomas y tienen consecuencias similares; las quemaduras incluso pueden ser causadas por choques eléctricos o productos químicos que sean cáusticos.

Las quemaduras se clasifican por grados, que van de lo superficial a lo profundo, que es cuando se produce una exposición prolongada, y además de la piel se destruyen los tejidos, por lo que el dolor es extremo y se puede producir un estado de shock. Cualquiera que sea la gravedad del caso, lo primero que debemos hacer es dejar correr agua fría sobre la parte afectada por unos diez o quince minutos, lo que calmará notablemente el dolor y tranquilizará al gato. Si observamos que la excoriación solamente afecta la piel y no interesa los tejidos, podremos aplicar algún producto antiséptico y esperar el proceso de curación, controlando la posible infección. Si las quemaduras afectan los tejidos habrá que aplicar compresas frías y acudir de inmediato al veterinario.

Respiración artificial: Cuando el gato ha dejado de respirar por cualquier causa, se requiere restablecer la acción por medio de "respiración artificial", lo mismo en los casos en que suponemos que ha ocurrido un síncope cardíaco, pues aunque el animal sigue respirando débilmente, la cesación de la actividad del corazón dejará sin oxígeno al cerebro, por lo que el daño o la muerte cerebral es inminente; en este caso, la respiración artificial se debe combinar con el masaje llamado "resucitación cardiopulmonar". La técnica más elemental consiste en colocar al gato acostado de espaldas y proceder a "bombear" sobre su pecho, entre sus costillas, de modo que se estimulen los pulmones y el corazón; la cabeza del gato debe descansar por debajo de su cuerpo para obtener mejores resultados; si no se produce ningún cambio, habrá que utilizar la técnica de "boca a nariz", o sea, soplar con fuerza en la nariz del animal para llenar con aire sus pulmones y estimular su funcionamiento.

Resucitación cardiopulmonar: La estimulación respiratoria arriba descrita es indicada también en casos de fallas del corazón, porque se trata de restablecer la dotación de oxígeno al cerebro, pero en este caso se requiere además restablecer el ritmo cardíaco, por lo que se considera una resuscitación. Se trata básicamente del masaje de bombeo sobre el pecho del animal para reproducir el movimiento cardíaco, pero combinado con la respiración artificial de boca a nariz que al mismo tiempo estimula los pulmones; desde luego, se trata de una operación desesperada, pero en muchos casos resulta eficaz, aunque no debemos ser demasiado optimistas al respecto.

Shock eléctrico: Es una descarga sobre el cuerpo del gato que normalmente se produce cuando éste juega con clavijas o cables inseguros. En muchos casos el golpe eléctrico simplemente "empuja" al gato, aunque puede producirle quemaduras. Si la exposición es un poco más prolongada, el gato puede sufrir un paro cardíaco, por lo que habrá que proceder de la misma manera descrita para tal evento.

INDICE